6ᵒⁿ SCHNÉE

E. M. OETTINGER.

5539-113

ROSSINI

L'HOMME ET L'ARTISTE,

traduit de l'allemand

AVEC L'AUTORISATION DE L'AUTEUR

par P. Royer.

—

TOME II.

BRUXELLES ET LEIPZIG,

AUGUSTE SCHNÉE, ÉDITEUR,

Rue Royale, Impasse du Parc, 2.

1858

BIBLIOTHÈQUE INTERNATIONAL

ÉDITION SCHNÉE.

ROSSINI.

C.

BRUXELLES. — TYP. DE P.-A. PARYS,
Rue de Lacken, 48.

E. M. OETTINGER.

ROSSINI

L'HOMME ET L'ARTISTE,

traduit de l'allemand

AVEC L'AUTORISATION DE L'AUTEUR

par P. Royer.

TOME II.

BRUXELLES ET LEIPZIG,

AUGUSTE SCHNÉE, ÉDITEUR,

Rue Royale, Impasse du Parc, 2.

1858.

I

Depuis le soir où le — Cygne de Pesaro — et la — Philomèle de Madrid — avaient remporté ensemble une victoire si mémorable, il s'était établi entre eux des rapports d'une nature d'abord toute particulière. Des deux côtés ils s'étaient avoué in petto que, faits l'un pour l'autre, ils se sentaient disposés à s'allier un jour. Mais nulle explication n'était encore survenue entre eux, parce qu'ils avaient peur de la jalousie de

Barbaja, dont ils dépendaient tous les deux plus ou moins, et ensuite parce qu'ils avaient peur d'eux-mêmes. Ils se demandaient si l'un plaisait ou convenait réellement assez à l'autre, pour ne pas courir le danger d'essuyer un refus, lorsque viendrait le moment de l'explication. Ils résolurent donc de ne pas se presser, de sonder le terrain avec toute la prudence possible, de s'assurer de la vivacité de leur penchant, et de ne changer leur plan caché en une attaque ouverte que lorsqu'il leur serait démontré qu'une union entre eux était nécessaire pour leur avenir réciproque.

Ce fut ainsi que grandit insensiblement une de ces liaisons raisonnables, dont la base reposait non sur les assises chancelantes d'une passion éphémère, mais sur les fondements plus solides de l'intérêt mutuel. Au début, alors qu'aucun des champions ne savait encore ce qu'il devait penser de l'autre, on avait recours des deux côtés à toutes les manœuvres imaginables, pour reconnaitre si le cours du papier était en hausse ou en baisse, car toute l'opération n'était en réalité qu'une affaire de négoce très-importante, un jeu de bourse hardi, dont l'un espérait tirer plus de profit que l'autre.

La Colbrand se disait : Bien que tu sois de six à huit ans plus âgée que lui, tu es assez jolie, assez piquante encore pour enchaîner ce caractère inconstant. Il est temps de songer au mariage, car la femme qui ne se marie pas à trente-cinq ans, est une vieille fille aux yeux défectueux du monde, et comme je n'entends pas me faner dans les bras de Barbaja, je suis bien décidée à me marier dans cinq ans au plus tard.

Rossini se disait : Je suis beaucoup plus jeune, mais mille fois plus pauvre qu'elle. A quoi me sert mon talent, à quoi me sert ma gloire, si je n'ai pas d'argent, beaucoup d'argent? Sans argent, le plus grand génie ne dépend-il pas des caprices de ce monstre à mille têtes, qui aujourd'hui nous élève aux nues, pour nous précipiter, demain peut-être, dans la boue? Je connais le public. Il nous divinise, nous oublie ensuite et nous laisse dans l'indigence et la misère. Aussi je veux me marier, non par amour — Dieu me préserve d'une telle folie — mais par raison. Et pour un mariage de cette espèce, personne ne me convient mieux que la Colbrand. Son cœur a jeté tout son feu, la fougue de la passion est amortie chez elle ; il ne lui faut pas un enthousiaste, qui, la mandoline à la main, chante à ses pieds des barcarolles et lui jure amour éternel, fidélité sans fin. Il lui faut un homme paisible, sensé, qui lui donne un rang distingué, un nom célèbre. La chose est toute simple. J'épouse sa fortune, elle épouse mon talent, et de cette façon nous ne faisons ni l'un ni l'autre une mauvaise affaire.

Maintenant nous le demandons aux lecteurs, tout cela n'est-il pas très-logique ? La plupart des mariages, accomplis par inclination, ont d'ordinaire une triste fin ; la flamme de l'amour s'éteint sous la lave de l'indifférence, et de l'éruption des serments les plus brûlants, il ne reste que les cendres du repentir. Par contre dans les mariages que la raison a conclus, le repentir arrive d'habitude plus rarement, et s'il vient, c'est sous une forme si modérée, que la maladie se passe sans crise et sans laisser des traces regrettables.

Un matin que notre maestro reconduisait la première chanteuse chez elle au sortir de la répétition, il se hasarda à lui offrir le bras.

— Je l'accepterais volontiers, fit la signora Colbrand, si je ne savais pas que cela suffirait pour exciter les soupçons de mon vieux Céladon. Vous n'ignorez pas que Barbaja est un jaloux forcené et que chaque choriste de San-Carlo est un espion, qui s'empresse de rapporter au sultan tout ce qu'il voit. En apprenant que nous nous sommes promenés ensemble dans la rue, il en conclurait que, renfermés en tête-à-tête, nous nous témoignons plus d'amitié qu'il ne le veut.

— Eh bien, qu'importe! qu'est-ce qu'il peut faire? Résilier votre engagement tout au plus...

— Ce serait la moindre des choses. Je trouverai en Italie et en France dix autres scènes qui m'accueilleront à bras ouverts. Mais nulle part je ne retrouverai un second Barbaja. J'obtiens tout ce que je veux, malgré son avarice; et nouvelle Danaé, j'ai fait de lui un Jupiter, qui jamais n'est plus séduisant que lorsqu'il arrive métamorphosé en pluie d'or...

—Vous devez avoir économisé déjà une fort jolie somme...

— On fait ce que l'on peut; toutefois je n'aime pas que les étrangers lisent dans mes cartes...

— On se racontait hier dans les salons de lady Monmouth que, depuis quatre ans, la signora Colbrand avait placé cinquante mille scudi environ... Si cela était positivement vrai... je n'hésiterais pas...

— Eh bien... après...?

—A vous en féliciter de tout mon cœur, reprit Rossini, rebroussant chemin par prudence.

— De grâce, parlons d'autre chose. L'argent seul ne fait pas le bonheur, continua-t-elle avec un soupir affecté.

— D'accord; mais comme moyen qui mène sûrement au but, il n'est pas à mépriser...

— Telle est aussi mon opinion, et c'est pour cela que j'ai eu soin d'économiser...

— L'économie, signora, est une bell
vertu.

— Avez-vous économisé aussi?

— Jusqu'ici, non... l'homme ne commence à pratiquer cette vertu-là, que lorsqu'il sait pour qui il économise.

— On économise pour soi d'abord, et
puis pour un être qui nous aime.

— Quant à moi, signora, je ne suis
aimé de personne! répliqua Rossini avec
un soupir parfaitement naturel.

— C'est vous montrer injuste envers
vous-même. Tout Naples sait que vous êtes
un de ces hommes heureux, qui sont aimés
de tout le monde...

— De tout le monde! cela veut dire
beaucoup et bien peu! Oh! croyez-moi,
celui-là seul est heureux. qui est aimé de
celle qu'il aime de son côté...

— Et vous, maestro, parmi les femmes
dont vous avez eu les faveurs, n'en aimez-
vous aucune?

— Pas une seule! appuya Rossini d'un
ton solennel.

— Vraiment on serait tenté de vous
plaindre du fond du cœur, si l'on ne

craignait d'exciter vos impitoyables railleries...

— C'est me juger fort mal, dit le maestro d'un ton ému.

— Comment se fier à vous? Tous les hommes sont des hypocrites. Pourquoi seriez-vous justement le seul qui fît exception?...

— Angélique! soupira Rossini, en serrant le bras de la signora plus vivement qu'il ne l'avait osé jusqu'alors.

— Maestro, gardez-vous de devenir sentimental. C'est ce que je hais le plus au monde...

Rossini, qui croyait avoir fait un pas en avant, se trouva repoussé bien loin par cette froide admonestation, et son tact si fin, qui ne l'abandonnait jamais, lui inspira l'excellent conseil de toucher aussitôt à une autre corde et de chanter un air tout différent. En habile contrepointiste, il passa soudain du *sol mineur*, ton de l'amour malheureux, au *ré majeur*, ton de la gaieté sans nuages; du soupir sentimental au rire le plus bruyant.

— Permettez-moi, signora, de me moquer un peu de vous.

— Pourquoi donc? demanda la prima donna, désagréablement affectée de cette brusque transition.

— Parce que vous êtes d'une crédulité sans exemple! Parce que vous avez pris une innocente plaisanterie pour la réalité! Moi aussi, signora, je suis l'ennemi juré de toutes les phrases pathétiques ; je déteste les airs langoureux, les soupirs, la sensiblerie et les compliments...

— Et cependant j'avais cru lire dans vos yeux un sentiment, qui me faisait croire...

— Quoi donc, signora? demanda le maestro en lui saississant tendrement la main.

— Que vous éprouvez pour moi ce qu'un œil moins exercé que le mien appellerait de l'amour...

— Et si votre œil s'était trompé, femme adorable, si je ressentais pour vous un amour vrai, profond...

— Alors, signor Rossini, ce serait à mon tour de rire, dit la Colbrand, et elle se mit à éclater à son nez. Hé, hé, maestro, un bon comédien ne doit pas s'écarter aussi vite de son rôle. Malgré tous vos masques, je vous devine...

— Et que croyez-vous?

— Qu'il est temps de parler d'un sujet plus important. Le marquis Tacconi...

— Il est sans doute encore à Palermo.

— Et Barbaja...

— Il se désespère plus que jamais de ce que, malgré sa dénonciation et les recherches les plus actives de la police, il ne puisse réussir à dépister son rival. Les vers que le marquis a fait lancer sur la scène par l'un de ses amis, l'ont convaincu que les démarches du vil carbonaro sont plus sérieuses qu'il ne se l'était figuré d'abord. Il montre ces vers passionnés à tout venant, et s'informe partout si l'on connaît un Génois qui voyage sous le faux nom du marquis Tacconi.

— Donc, il est décidément jaloux...?

— Au delà de toute expression...

— A merveille; dans ce cas je le tiendrai incessamment en échec et il deviendra plus amoureux de moi que jamais.

— Et qu'en résultera-t-il à la fin?

— La princesse Europe retiendra le taureau Jupiter par les cornes, jusqu'au moment où elle n'aura plus besoin de lui; puis elle ôtera son masque et... elle se jettera dans les bras d'un autre dieu.

— Les miens vous seront toujours ouverts. Angélique ! l'amour est une si douce chose !

— Silence, silence ! Si vous voulez que nous demeurions bons amis, ne me parlez plus d'amour. L'amour est un fantôme...

— Une chimère...

— Un rêve enfantin...

— Un vieux conte de nourrice.

— Et pourtant ce mot est si joli, si suave...

— Que sans craindre de vous ennuyer, votre admirateur le plus sincère, votre adorateur le plus fidèle...

— Taisez-vous, mauvais plaisant, je ne vous crois plus. Mais j'allais oublier la chose essentielle... voulez-vous accepter un potage chez moi, ce soir après le specta-

cle? demanda la Colbrand, qui était arrivée
à la porte de sa demeure.

— Avec bien du plaisir, ravissant lu-
tin.

— Bon ! je vous attendrai... mais c'est
convenu, pas un mot d'amour...

— L'amour est une sottise !

— A la bonne heure ! au revoir, maestro, fit la coquette avec un sourire, et, elle
le quitta, après lui avoir tendrement pressé
la main.

— Quelle femme ! se dit Rossini à lui-
même. Déliée comme le serpent, subtile
comme l'anguille, et rusée comme le démon,
elle échappe en ricanant, au moment où on
croit la tenir ! Et néanmoins je commence
à croire que cette coquette ne m'est pas
indifférente, bien que son caractère me
paraisse encore indéfinissable. M'aime-t-elle
ou ne m'aime-t-elle pas? se demanda-t-il
de manière à être entendu des passants.

— Elle t'aime, dit David, qui soudain
se dressa devant lui.

— Qui? demanda Rossini, comme sor-
tant d'un rêve.

— Lady Esther Monmouth.

— Ah çà ! es-tu fou?

— Moi pas, mais milady ; car il y a dix minutes, elle m'avouait, avec des larmes dans les yeux, qu'elle ne pouvait plus dormir depuis qu'elle avait entendu ton *Elisabeth*.

— Et pourquoi cela? fit le vaniteux Amphion.

— Parce que sa maison est remplie de punaises.

— Oh ! la . vieille et pitoyable plaisanterie !

— Affaire de goût, reprit le railleur, et il continua son chemin.

II

Maître Elleboro était choriste depuis huit mois, et ses camarades, qui d'abord l'avaient taxé de fierté, l'affectionnaient maintenant au point que, dans un cas de danger, chacun se serait fait tuer pour lui. Elleboro — tout le monde l'appelait ainsi au théâtre — qui partageait ses gages, c'est-à-dire toute sa fortune, avec les plus

nécessiteux de ses collègues, remplaçait
tantôt l'un tantôt l'autre, et ne laissait jamais dans l'embarras quiconque réclamait
son aide. C'était en outre un joyeux compère
ayant mille facéties dans la tête, et un
seul chagrin au cœur. Ce chagrin provenait de ce que Francilla, depuis qu'elle
prenait des leçons de musique avec le
maestro, qu'il aimait de tout son cœur,
semblait n'être plus du tout la même.

Elle n'était plus cette naïve enfant qui
à la vue d'un ruban de soie ou de toute
autre bagatelle dont Torquato lui faisait
présent chaque semaine, le jour où il
touchait ses appointements, se réjouissait
mille fois plus que la signora Colbrand
lorsqu'elle avait arraché une parure précieuse où un châle magnifique à l'avarice de
Barbaja. Son œil, autrefois aussi gai, aussi
pur que le ciel azuré de Naples, paraissait
à présent obscurci par une mélancolie profonde, dont le bon jeune homme, dans sa
simplicité, ne pouvait s'expliquer la cause.
Francilla était devenue de jour en jour
plus sombre et plus taciturne. Comme auparavant, elle stationnait encore à l'entrée

de la Villa Reale, sa corbeille de fleurs à la main; son costume, sa coiffure étaient toujours les mêmes, mais depuis quelque temps son joli visage avait subi une transformation notable. Ses joues, qui naguère avaient le coloris de la rose, s'étaient revêtues de la pâle nuance du jasmin; le doux sourire de l'innocence, qui animait le bord de ses lèvres, avait disparu pour faire place à un air sérieux qui assombrissait ses traits autrefois aussi frais que le printemps. Elle, qui chantait auparavant depuis l'aube jusqu'au soir, ne chantait plus désormais que lorsque le maestro la faisait venir chez lui avec son fiancé pour leur donner une leçon de musique. Rossini témoignait à la pauvre orpheline l'affection d'un père, avec un désintéressement qui honorait son cœur. Beaucoup d'autres eussent abusé de la simplicité de la jeune fille délaissée de tout le monde; notre maestro, au contraire, n'avait point d'yeux pour sa beauté sans tache, il n'avait que des oreilles pour sa voix séraphique, argentine, éclatante et docile. Il écoutait les sons qui s'échappaient de sa bouche avec ce bonheur que l'on éprouve à entendre, sous l'ombrage d'un bois de cyprès silencieux, les chants de douleur du rossignol racontant, dans un rhythme d'un éclat inimitable, aux cyprès et aux blanches statues qui sont placées là comme les gardiens muets de ce bois, la mort de la jeune rose que le vent glacial a dépouillée de ses feuilles. Le chant simple, naturel, mélodieux de Francilla le ravissait beaucoup plus que l'armée entière de trilles, de roulades, de cadences et autres fioritures, au moyen desquels la signora Colbrand arrachait de frénétiques bravos au public napolitain.

Et quand Elleboro entendait sa Francilla chanter ainsi sous la direction de son maître, des larmes perlaient dans les yeux du pauvre garçon; il se sentait prêt à tomber à genoux, pour épancher avec ses pleurs toute sa joie et tout son chagrin. Il semblait que Francilla exhalait dans ces sons tout le fardeau de sa douleur secrète. Il lui semblait qu'elle avait des millions de larmes dans la voix, des larmes qui lui brisaient le cœur, des larmes qui vous disent qu'elles sont intarissables. Il se demandait

alors cent fois quelle pouvait être la source
de ces larmes, la cause de cette douleur,
et lorsque le soir il ouvrait la fenêtre de sa
chambrette, et que, la guitare à la main, il
levait la tête vers les étoiles en pensant
aux yeux de Francilla, il chantait un air
langoureux et triste, qui cependant portait
la consolation dans son âme. Puis il allait
se reposer avec son image dans le cœur et
une prière sur les lèvres, une prière pour
Francilla et pour le maestro. Ces deux
êtres n'étaient-ils par les seuls au monde
qu'il aimât avec toute l'ardeur de la plus
vive reconnaissance !

Un jour que Torquato venait de recevoir ses gages, il résolut d'acheter un bel
anneau pour sa maîtresse, dût-il dépenser
tout son avoir, et ensuite jeûner huit jours
ou mourir de faim.

— Quelle joie sera la sienne lorsque je
lui demanderai en l'abordant : Sais-tu ce
que je tiens là dans la main? Elle sourira
et voudra deviner : Un crucifix... un
scudo... un billet de loterie... Rien de tout
cela ! Connais-tu ceci? lui dirai-je en lui
montrant l'anneau d'or ; Francilla, c'est ta

bague de fiançailles ! Elle bondira de plaisir ! Elle ne soupirera plus et redeviendra fraîche et jolie comme auparavant, alors qu'elle n'apprenait pas encore à chanter chez le maestro. Peut-être sa poitrine est-elle faible ; fatiguée des efforts qu'elle fait pour chanter, peut-être veut-elle me cacher ses souffrances ainsi qu'à notre maître, afin de pouvoir continuer ses études. Oui, j'y suis, c'est bien cela ! Mais je le dirai au maestro aujourd'hui même, et demain elle cessera ses leçons, aussi vrai que je me nomme Torquato et que j'aime Francilla plus que moi-même.

Puis il se rendit chez un bijoutier, lui acheta une bague en or de cinq scudi, et courut d'un seul trait au jardin du palais.

Francilla était assise sur un banc à l'ombre d'un pin et effeuillait, toute pensive, une rose dont elle jetait les jeunes pétales dans le sable. Torquato s'approcha d'elle ; mais elle ne le vit pas.

— Francilla ! murmura-t-il tout bas, pour ne point l'effrayer.

— C'est toi, Torquato ? Viens, mon ami ; assieds-toi à mon côté.

— Dis-moi, mon ange, à quoi songeais-tu?

— A rien, à rien! repondit-elle d'un son de voix qui laissait deviner qu'il ne partait pas du cœur.

— Sois franche, ne me cache rien, absolument rien.

— Je songeais à l'avenir, répliqua-t-elle avec un gros soupir.

— Ne me disais-tu pas dernièrement que l'avenir ne t'inquiétait plus, depuis que le maestro, mon ami, a promis de se charger de toi?

— Et pourtant il m'apparaît à présent plus triste que jamais!

— Est-ce que tu es malade, Francilla? demanda Torquato avec une émotion visible.

— Je serais tentée de le croire...

— Voyons, mon enfant, qu'est-ce qui te tourmente?

— Une agitation qui ne me quitte jamais; une angoisse qui me déchire le cœur, une douleur, un sentiment de peine que je ne puis définir.

— Le chant te fatigue...

— Tu te trompes, Torquato. C'est justement lorsque je chante que je me sens mieux et plus à mon aise que jamais.

— Et cependant ta voix tremble et elle dénote une souffrance telle que, chaque fois que je t'entends chanter devant le maestro, je suis pris d'une envie invincible de pleurer...

— Que tu es bon ! dit Francilla en souriant avec effort. Ne te chagrine pas pour moi. Ma douleur passera ; je tâcherai de redevenir gaie.

— Ah ! Francilla, combien je serais heureux ! Il y a des moments où je me figure que tu ne m'aimes plus, et que c'est la seule cause de ton affliction. N'est-ce pas, mon ange, je suis fou ? Je m'imagine des choses auxquelles tu n'as jamais songé... Tu te tais... voilà la tristesse qui te reprend... Réponds-moi, Francilla, réponds-moi ! répéta le digne jeune homme d'une voix tremblante.

—Je suis malade, Torquato. Mon cœur bat avec violence, mon sang bouillonne, comme si j'avais commis un crime... et cependant je n'ai aucune faute à me repro-

cher, dit l'innocente enfant en baissan
involontairement les yeux.

— Je n'insisterai pas davantage, je ne
te forcerai point à m'avouer ce que tu ne
veux pas me dire de ton plein gré ; mais
je t'adresserai une prière : Oublie ce qu
t'afflige, prends courage, et avec l'aide de
Dieu et de la madone, ta gaieté reviendra
bientôt. Ton Torquato fera tout pour te
distraire. Du matin au soir je te chantera
les airs que tu préfères, je te raconterai de
joyeuses anecdotes, et je ne m'arrêtera
que lorsque tu souriras aussi gentimen
qu'autrefois. Devine, *bella ragazza,* ce qu
je viens d'acheter pour toi, ajouta-t-il en
élevant en l'air sa main fermée, afin que
Francilla ne pût l'atteindre. Devine, de
vine !

— Un poignard? fit la jeune fille.

— Francilla, tu me fais peur ! balbutia
Torquato, dont un frisson glacial parcouru
tous les membres. Comment une pieuse
enfant de ton âge peut-elle songer à des
choses pareilles ?

— Ne t'ai-je pas dit que je suis malade,
très-malade?

— Ne t'ai-je pas répondu que tu guériras, dès que, par amour pour ton pauvre Torquato, tu auras repoussé loin de toi les sombres pensées qui t'agitent ?

— J'essaierai, répliqua la malheureuse jeune fille avec un sourire forcé. Je m'entends mal à deviner et je suis très-curieuse, tu le sais. Dis-moi donc ce que tu m'as acheté ?

— Regarde, Francilla ! exclama le brave garçon ; une bague, une bague en or ! Comprends-tu ce que cela signifie ? C'est un anneau de fiançailles !

La bouquetière tressaillit. Torquato, qui par bonheur ne s'en était point aperçu, continua :

— Nous ne sommes plus des enfants ! Tu as seize étés ; je suis presque de quatre ans plus âgé que toi, et bientôt — le maestro me l'a dit hier — je serai assez avancé pour pouvoir chanter quelques petits rôles. Dès lors je serai un homme, je pourrai conduire ma petite fiancée à l'autel et assurer à ma femme bien-aimée un avenir tranquille. Jusque-là, mon ange, porte cet anneau, poursuivit-il, et il le lui passa au petit doigt de la main gauche, porte-le comme un talisman. Il te préservera des mauvaises pensées et — quand tu songeras encore à mourir — il te rappellera ton fidèle Torquato, qui ne peut vivre sans toi, et qui, si tu mourais, te suivrait au tombeau !

— Torquato ! s'écria la jeune fille en sanglotant, et elle tomba dans ses bras.

— *Tesoro mio !* fit le choriste en la pressant sur sa poitrine et en essuyant avec ses baisers les perles qui s'échappaient des yeux de Francilla.

Éclairé par les rayons du soleil couchant, ce groupe éploré, que le pin recouvrait de son chaste ombrage, eût pu servir de modèle au ciseau de Canova ou au pinceau d'un Carlo Dolce.

La douleur aussi a son auréole.

III

Un soir le sultan de San-Carlo avait mandé son cuisinier, dans le dessein de lui faire une communication de la plus haute

importance. Hector-Ménélas Coquillard—
Parisien et élève d'Alexandre Viard, le
célèbre maître d'hôtel de Napoléon —était
en tous points un étrange original, dont
nous allons esquisser légèrement le portrait. C'était un nouveau Vatel depuis la
cime de son bonnet de coton blanc jusqu'à
la pointe de ses souliers; ambitieux à l'excès, il considérait la cuisine comme l'art
des arts et se prenait lui-même pour le
premier artiste des Deux-Siciles. Placé
jusqu'à la fin de 1814, en qualité de *cuisinier extraordinaire*, à la tête de l'office
du roi Joachim Murat, Coquillard s'était
brouillé avec le beau-frère de l'empereur
des Français, parce qu'un jour il lui
avait reproché d'avoir manqué un pudding. L'artiste culinaire avait exigé sur-le-
champ son congé et juré une haine éter-
nelle à Joachim Ier. Lorsque, sur les ordres
d'une commission militaire, le roi Murat fut
fusillé au château de Pizzo, le 13 octobre
1815, Coquillard, qui venait d'entrer au
service de Barbaja, avait osé illuminer,
comme pour une fête, les fenêtres de sa demeure, située sur les derrières dans une

cour, afin de caresser sa vieille rancune et
de donner une éclatante satisfaction à son
orgueil ulcéré. Maitre Coquillard, ainsi
que tout cuisinier, était en outre un aris-
tocrate incarné, et comme tel, un des
plus chauds partisans de l'ancien régime.
Mais Coquillard ne se montrait pas seulement habile. dans la pratique de l'art culinaire; il en possédait aussi parfaitement
l'histoire et se plaisait beaucoup à faire
parade de ses connaissances. De plus, à
l'instar de tout cuisinier, il était amateur
de la musique italienne. Dans son contrat,
il s'était réservé, pour toute la durée de son
engagement, une place dans une loge du
deuxième rang et il entretenait une jolie
choriste que Barbaja surnommait la pâle
bécassine à cause de sa petite et maigre
figure, et qui du reste faisait bonne chère,
attendu qu'elle recevait de l'office les morceaux les plus délicats. Barbaja savait tout
cela, et néanmoins il ne se sentait pas le
courage de s'en plaindre à son cuisinier,
parce que Coquillard, avec ses cheveux
poudrés à blanc et ses manchettes finement
brodées, était le seul de tous les serviteurs

qui imposât à son maître. Il se révoltait à
la moindre grossièreté que ce dernier lui
adressait, et savait si bien l'intimider en le
menaçant de partir sur-le-champ, que Barbaja, qui, à tout au monde, préférait une
bonne table, ménageait son cuisinier
comme un œuf à la coque.

— Maître Coquillard, dit l'impresario à
son docte et élégant cuisinier, je t'ai fait
prier de m'accorder un moment d'audience,
pour te prévenir que c'est après-demain la
fête de la signora Colbrand.

— Bien ; qu'est-ce que cela me fait ?

— Écoute-moi, maître Coquillard. En
l'honneur de la Colbrand, je donne un
dîner auquel j'ai invité, outre la reine de la
fête, la Comelli, David et Garcia, Rossini
et son excellent élève, le compère Elleboro.
Il est bien entendu, mon cher ami, que le
choix des mets et la distribution du service
sont entièrement livrés à ton talent sans
égal ; seulement, maître Coquillard, j'ai
voulu te recommander de ne pas oublier le
plat favori de la Colbrand.

— La signora Colbrand, fit le cuisinier
en redressant fièrement son col de che-

mise, est une petite friande, qui a un grand nombre de plats favoris; le diable devinerait celui qu'elle préfère.

— Maitre Coquillard, répliqua le sultan, qui en face de son cuisinier se piquait de la plus fine courtoisie, je me permets de te rappeler que son côté le plus faible est la *côtelette à la Couthon*.

— *La côtelette à la Couthon!* s'écria le cuisinier en reculant de trois pas. Signor Barbaja, Hector-Ménélas Coquillard vous supplie de rétracter à l'instant cette grossière injure.

— Est-ce que je t'aurais offensé? demanda l'impresario, tout effaré. Comment cela? Pourquoi?

— *Des côtelettes à la Couthon,* avez-vous dit. Je n'ai jamais connu cette espèce de côtelettes.

— Tu leur donnes peut-être un autre nom?

— Selon moi, il n'y a que des *côtelettes à la Soubise*. A l'époque de la Terreur, alors que l'art des arts était en pleine décadence et qu'on ne voyait plus que des gargotiers, les *côtelettes à la Soubise,* un

des faits les plus glorieux du maréchal de
Soubise, durent accepter l'humiliation
d'être changées en *côtelettes à la Couthon.*
Georges Couthon, ce régicide, qui au lieu
de Couthon se faisait appeler — Caton —
ce monstre qui, se sentant altéré à la suite
d'un violent débat, demanda — un verre
de sang — cet affreux jacobin, ne s'entendait pas plus aux hautes intuitions de l'art
culinaire que mon lévrier — lequel repose
en paix, ajouta-t-il en essuyant une larme
dans l'angle de son œil droit — ne s'entendait à la musique italienne. Ce fut donc
une profanation, un blasphème, que de
sacrifier le nom fameux de l'un des plus illustres gourmands à la gloire usurpée d'un
abominable jacobin. Le cœur me saigna, je
versai des larmes amères, alors qu'en 1793,
je lus sur toutes les cartes des restaura-
teurs de Paris, ces mots : *Côtelettes à la
Couthon.* Que tout le monde les appelle
ainsi, Hector-Ménélas Coquillard est fier
de pouvoir proclamer qu'il ne les a jamais
reconnues. Lorsque Louis XVIII monta
sur le vieux trône des lis, lorsque, sous son
sceptre béni, le noble art des arts recom-

mença à fleurir, la restauration rendit leurs anciens droits au maréchal et aux côtelettes inventées par lui; les *côtelettes à la Cou-thon* redevinrent les *côtelettes à la Soubise,* c'est ainsi qu'on les appelle encore, et c'est ainsi qu'on les appellera après des siècles; et quand le nom de Couthon sera depuis longtemps oublié, la postérité la plus reculée, dans sa reconnaissance, célébrera encore le nom du prince de Soubise, non pas à cause de la bataille de Rosbach, qu'il perdit par hasard, mais à cause de ses côtelettes de veau.

— En vérité, maître Coquillard, je ne sais ce que je dois le plus admirer en toi : ton habileté d'artiste ou ton profond savoir. Mais pour en revenir à notre mouton — c'est à dire à la signora Colbrand — j'oserai encore ajouter un mot en sa faveur. Outre les *côtelettes à la Cou...* non, *à la Soubise,* elle a commandé aussi un pudding à la Nesselrode.

— Sacrebleu ! jura le cuisinier en bondissant. C'est à vous faire sauter en l'air.

— Pourquoi donc cela, mon ami?

— Parce que ce Russe de Nesselrode n'a

pas plus de droits au titre d'inventeur du pudding en question, que Joachim Murat à celui de héros, répondit le Tacite des cuisiniers, en puisant une prise dans une tabatière en or, garnie de diamants, dont lui avait fait présent l'ex-reine Marie-Annonciade, sœur de Napoléon. Ce prétendu pudding à la Nesselrode, cette sainte légende des gourmands, sort du cerveau d'un de mes camarades d'école nommé Hubert

— Et qu'est-ce que c'était que cet Hubert?

— L'ami intime et le maître d'hôtel de lord Falmouth. Hubert, comme un second Christophe Colomb, découvrait journellement pour le palais de sa seigneurie un nouveau monde, ou un nouveau plat, ce qui revient au même selon Brillat-Savarin, C'est lui qui a mis au jour ce précieux pudding dont plus tard, au congrès de Vienne, le cuisinier du comte Nesselrode se déclara effrontément l'auteur. Prisez-vous, signor Barbaja? ajouta-t-il en présentant la tabatière à l'impresario.

— Merci, merci, maître Coquillard; mais de grâce, continue.

— Mon ami Hubert qui, à l'exemple de votre très-humble serviteur, était excessivement chatouilleux à l'endroit de l'honneur, traita cet homme de plagiaire. Le Scythe offensé prétendit que mon camarade était un âne. Vous comprenez, signor, que l'ami et le cuisinier de lord Falmouth ne pouvait recevoir froidement une pareille injure. Hubert lui envoie un cartel, le Vandale accepte. On tire à la distance d'une serviette, Hubert tombe, l'usurpateur reste debout, et de même que l'Amérique, découverte par Christophe Colomb, porte à tort le nom d'Améric Vespuce, de même le pudding de mon immortel ami Hubert porte injustement celui de Nesselrode.

— Maître Coquillard, vous savez tout !

— Un homme qui a étudié à Paris, sous les auspices du grand Grimod de la Reynière (1), doit savoir tout ce qui a rapport à son art.

— Ne m'as-tu pas raconté qu'entre autres célébrités, tu as aussi personnellement connu Grétry ?

(1) Editeur du célèbre *Almanach des Gourmands*, dont il a paru huit livraisons à Paris — 1803.

— Mes mains ont improvisé pour lui plus d'une omelette aux confitures. Grétry avait autant de réputation comme gourmand que comme musicien. Lorsqu'il se sentait en verve pour composer, il se glissait dans ma cuisine, afin de s'inspirer au parfum de mes casseroles. Aussi le digne homme a-t-il inscrit son nom sur mon album.

— Vends ton autographe à lady Monmouth; elle t'en donnera cent guinées.

— A aucun prix je ne me déferai de cette sainte relique.

— Dis-moi, maître Coquillard, comment s'appelait donc cet Anglais qui, nouvel Apicius, dévora en six années une fortune de cent cinquante mille livres sterling?

— Il s'appelait Thomas Rogerson, et il parcourut presque toutes les contrées du globe, uniquement pour goûter des friandises de toutes les nations. Il engagea le cuisinier de l'empereur de Russie Alexandre, et lui fit une rente annuelle de deux mille livres. C'était un maître celui-là! En Chine et aux Indes, au Mexique et au Brésil, il entretenait des agents, chargés de lui fournir les mets les plus succulents.

— Et enfin? demanda Barbaja, à qui l'eau était venue à la bouche.

— Après avoir dépensé tout son bien jusqu'à la dernière guinée, il s'acheta un ortolan, le prépara selon toutes les règles de l'art, le mangea du meilleur appétit, et puis...

— Et puis?

— Il se pendit, acheva maître Coquillard; après quoi, il fit une légère mais très-respectueuse révérence et s'éloigna.

— L'amusant personnage! s'écria l'impresario, resté seul avec lui-même et avec son appétit. C'est un manant, mais il entend son affaire. Si je n'étais Domenico Barbaja, impresario du théâtre San-Carlo, fermier des jeux et millionnaire, je voudrais être maître Coquillard. Un bon cuisinier a bien plus de valeur que cinq maîtresses et dix amis; je chargerai ma Civette de composer un dithyrambe sur les mérites du mien. Rossini le mettra en musique.

IV

Dans la soirée qui précédait l'anniversaire de sa naissance, la signora Colbrand
reçut une lettre qu'elle attacha au large ca-
dre doré de sa psyché, sans se donner la peine
de l'ouvrir, car à l'écriture de l'adresse elle
avait reconnu que celui qui la lui envoyait
n'était autre que le marquis Tacconi, dont
nous avons déjà si souvent parlé.

Une heure après, un laquais tout habillé de rouge et galonné de tresses d'argent, apporta un élégant billet, accompagné
d'un carton d'un assez grand volume. Lorsque la cameriste de la signora demanda au
messager le nom de son maître, celui-ci
répondit qu'il lui avait été enjoint de le
taire ; qu'il croyait cependant que, d'après
le contenu du billet, mademoiselle Colbrand en reconnaîtrait de suite l'auteur.
Zerline, à qui sa maîtresse, accoutumée à
recevoir le jour de sa fête une infinité de
présents, avait donné l'ordre de tout accepter, prit naturellement aussi le carton,
assez pesant du reste, et le porta sans re-

tard dans la chambre de la signora. Celle-ci, persécutée par l'ennui, lisait un vieux bouquin français — *Ruses d'amour, pour rendre contents ses favoris* (1).

—De quelle part? demanda la Colbrand en examinant le carton d'un air surpris.

— De la part d'un de vos adorateurs, qui s'enveloppe d'un voile mystérieux, dans l'intention apparemment de piquer la curiosité de la signora; toutefois, d'après ce que m'a dit le domestique, ce billet soulèvera le masque dont son maître a jugé à propos de se couvrir.

— Donne! s'écria la chanteuse. L'écriture de cette suscription ne m'est pas connue. Voyons! poursuivit-elle en rompant le cachet avec une impatience croissante et en jetant les yeux sur la signature; pas de nom! Rien de plus que cette formule de politesse ordinaire — un de vos plus sincères adorateurs. — Oh! mon Dieu! le nombre en est si considérable, qu'il est difficile de deviner celui qui parmi eux est le plus sincère. Mais que nous écrit ce sincère adorateur? — Elle lut:

(1) Ce livre, assez rare, parut en Hollande en 1679.

« Chère signora, permettez à l'un de vos
amis inconnus, de ne pas attendre jusqu'à
demain pour vous souhaiter votre fête. Re-
cevez, femme adorée, les vœux que je
forme pour votre bonheur, et en même
temps une toute petite bagatelle, comme un
faible témoignage de mes sentiments dévoués. *Honni soit qui mal y pense!* »

— Une toute petite bagatelle, répéta-
t-elle. Dans tous les cas, cet homme est
d'une réserve remarquable. Mais si le contenu de cette boîte n'est pas plus attrayant
que la teneur de ce billet, notre ami inconnu
aurait bien pu s'épargner la peine de venir
déjà nous rappeler aujourd'hui que demain
nous sommes plus âgée d'un an. Ouvre ce
carton ! dit-elle à la chambrière.

Mais ouvrir le carton n'était pas chose
aussi aisée que la signora se le figurait et
que peut-être maintes de nos charmantes
lectrices se le figurent. Le couvercle était
assujetti avec des ficelles qui traversaient
le fond de la boîte, de manière à ne pouvoir être enlevé que difficilement, et
qu'après avoir coupé et retiré successive-
ment tous les liens. Et lorsque enfin le cou-

vercle fut ôté et que la signora put plonger
son regard dans l'intérieur du carton, qu'y
vit-elle? D'abord une couche de fine paille
de jonc, puis un gros cahier de papier de
soie, suivi d'un deuxième, d'un troisième
cahier, et au fond, tout au fond...

Comme nulle de nos lectrices ne pourrait deviner ce qui constituait le noyau de
cette enveloppe, nous ne les laisserons pas
chercher davantage inutilement et nous
leur dirons ce que la signora trouva au
fond de la boîte, — Un objet de couleur
verte, extrêmement petit, d'une finesse
transparente; un objet qui n'était ni
d'émeraude ni d'or; un fragment tout à
fait insignifiant et sans valeur de ces
arbres avec les feuilles desquels Ève,
après sa chute, avait recouvert sa nudité
dans le paradis terrestre — *une misérable
feuille de figuier,* étendue sur un coussin
de satin blanc, sur lequel était brodé avec
de la soie noire le nom scientifique du
figuier — *Ficus carica.*

La signora Colbrand, en voyant son
attente si amèrement déçue, se pinça les
lèvres et fut prise d'une violente colère. Elle

avait sous les yeux la preuve convaincante
que le plus sincère de ses adorateurs l'avait
mystifiée et s'était joué d'elle. Elle avait
espéré des dentelles de Bruxelles ou des
étoffes précieuses, et on lui envoyait une
feuille de figuier ! N'était-ce pas une méchante allusion à la transparence habituelle
de sa toilette ? — Dans sa fureur, elle eût
été capable de fouler aux pieds et d'envoyer
aux galères le plus sincère de ses adorateurs, le railleur impudent qui n'avait pas
craint de l'outrager. Elle arpentait sa
chambre avec rage, se demandant qui
pouvait lui avoir joué ce tour? Elle chercha, elle chercha.

— Barbaja? Il est trop bête pour de
pareilles plaisanteries. Rossini? Il est trop
bon. David? Ce pourrait bien être ce mauvais garnement... Mais j'y suis! s'écria-t-elle
tout à coup, oui, c'est bien cela ! C'est la
Comelli, ma rivale, qui crève de dépit
parce que ma garde-robe éclipse la sienne.
Attends, malicieuse vipère, perfide Française, tu ne m'auras pas attaquée impuné-
ment ! ajouta-t-elle furieuse, et elle jeta un
regard courroucé sur le coussin de soie.

Qu'est-ce que je vais faire de cela? Je ne
puis garder cet objet, sans me mettre en
colère en songeant que cette vile Française
a osé me mystifier. Emporte-le, emporte-le,
dit-elle à sa camériste, jette-le dans la rue,
jette-le sur le fumier, jette-le où tu vou-
dras.

Au même instant survint le signor
Barbaja. Zerline, qui savait qu'ils ne vou-
laient pas de témoins auprès d'eux, se retira.

— Tu arrives à propos! lui cria-t-elle en
allant à sa rencontre.

— Qu'y a-t-il donc? demanda l'impresario, tout épouvanté de l'agitation de la
Colbrand.

— Demain matin, à la première heure,
j'entends que tu congédies la Comelli, cette
Française étique.

— Pourquoi?

— Parce qu'elle m'a offensée, insultée,
déshonorée. Vois-tu là-bas ce coussin?

— Oui, Colbrand.

— Sais-tu lire?

— Non, Colbrand.

— Quel dommage! s'écria la chanteuse

en fureur. Sur ce coussin se trouvait une feuille de figuier, que cette exécrable Française, jalouse de la richesse de ma garde-robe, a osé m'offrir pour présent de fête !

— La Comelli ?

— Eh ! sans doute. Il n'y a qu'elle qui soit capable d'une telle infamie. Il faut que tu la renvoies aujourd'hui même.

— Mais réfléchis donc.

— Inutile de réfléchir. Si elle reste, je pars. Vois-tu cette lettre attachée à ma glace ? Je l'ai reçue, il y a une demi-heure, de Palerme.

— C'est de Tacconi ? Et que t'écrit-il cet affreux carbonaro ?

— Je m'étais proposé de n'ouvrir cette lettre qu'en ta présence.

— Lis, Colbrand, lis ! s'écria Barbaja, dont la jalousie se réveillait plus brûlante que jamais.

La prima donna déplia le papier et lut du ton le plus indifférent :

« Vous vous étonnerez, adorable signora, qu'après un si long intervalle, je vous donne enfin un signe de vie. Mon départ

de Naples a été si précipité, que je n'ai eu
ni le temps ni le courage de vous faire une
visite pour vous dire adieu de vive voix.
Grâce au ciel, des amis dévoués m'ont appris assez à temps que la police de Naples,
en suite de la dénonciation d'un lâche rival
— que Dieu maudisse. »

— C'est de moi qu'il veut parler, interrompit Barbaja.

— « Avait mis en route ses limiers pour
découvrir ma retraite, ce qui aurait eu
lieu infailliblement, si je n'avais été pré-
venu de leurs recherches assez tôt pour
prendre la fuite. Mais ici des espions m'entourent également, et je ne suis pas en
sûreté. Aussi ai-je pris la résolution de me
rendre à Malte et de ne revenir à Naples,
qu'après avoir obtenu ma grâce par l'in-
fluence de ma famille qui demeure à Gênes.
Alors, je punirai avant tout mon dénon-
ciateur, et une fois cette pierre hors de
mon chemin, j'emploierai tous les moyens
imaginables pour vous déterminer à céder à
mes ardentes prières. »

— Ah! il veut m'écarter de son chemin? s'écria Barbaja qui, bien que plus

vantard, plus fanfaron que Falstaff, était encore plus poltron que lui.

— Le marquis est fou, dit la Colbrand en continuant sa lecture de l'air le plus calme.

« Je vous informe en même temps qu'il y a huit jours, mon avocat a reçu à Gênes mes pleins pouvoirs pour demander mon divorce, et qu'aussitôt ce dernier obstacle renversé, je vous offrirai ma main et mon cœur. »

— Décidément, il est fou à lier !

— L'amour est capable de tout, fit la Colbrand, et elle poursuivit paisiblement :

« Je vous écrirais plus souvent, mais je crains que les lettres que j'adresse à Naples ne soient interceptées par la police, et que je ne la mette ainsi sur ma trace. En conséquence, ne vous étonnez pas si des semaines, si des mois peut-être s'écoulent, avant que vous receviez encore des nouvelles de votre fidèle Silvio. »

— Ce Silvio m'a ravi le repos, le sommeil et l'appétit. Depuis que ce maudit marquis est venu se placer entre toi et moi, comme un fantôme, j'ai maigri de huit pouces et neuf lignes. Si cela continue, je ne serai bientôt plus qu'un squelette que l'on pourra exhiber aux foires pour de l'argent.

— Tu ne souffriras pas davantage à cause de moi.

— Colbrand, que veux-tu faire?

— Écrire au marquis que je suis décidée à le rejoindre à Palermo et à le suivre, fût-ce au bout du monde.

— Tu l'aimes donc?

— Je commence à croire que les sacrifices qu'il se déclare prêt à faire pourraient m'inspirer pour lui, sinon de l'amour, du moins de la pitié.

— Ah çà! Colbrand, point d'enfantillage. Ne repousse pas le certain pour l'incertain. Le marquis est un jeune écervelé, un coureur d'aventures. Ce que tu possèdes en moi, tu le sais. On me traite d'avare, de ladre, eh bien, je te prouverai, mon trésor, que je ne suis rien de tout cela. Tu apprendras demain que Barbaja, le plus fieffé butor de Naples, est cependant un homme qui sait vivre,

— Et la Comelli? demanda la rusée

fille d'Ève, pressentant sa nouvelle victoire.

— Elle attend dans l'antichambre, annonça la cameriste entrée *a tempo*, et désire parler à la signora.

— Par exemple! quelle audace!

— Laise-la venir, Colbrand.

— Dis-lui que je suis prête à la recevoir.

Au bout d'un moment, parut la signora Comelli dans une toilette d'une simplicité extrême, mais d'un goût exquis.

— Angélique, dit la jeune Française de l'air le plus aimable et le plus cordial, permettez que votre fidèle amie vous embrasse.

— Puis-je savoir ce qui me procure le plaisir extraordinaire de votre charmante visite à une heure aussi inaccoutumée?

— C'est demain votre fête, Angélique. J'ai voulu être la première à vous féliciter du plus profond de mon âme.

— Vous arrivez trop tard; une personne, que probablement vous connaissez, vous a déjà devancée.

— Oh! quel dommage! J'en suis désolée! Mais enfin je serai la seconde qui

se joindra à la première. Belle Angélique,
permettez à une amie qui a mille raisons
pour vous estimer et vous aimer, de vous
offrir cette petite broche insignifiante, en
guise de souvenir. Acceptez-la de bon
cœur. *Honni soit qui mal y pense !*

— Ces derniers mots se trouvent également dans le billet que voici. Signora,
vous vous êtes trahie vous-même. Hypocrite ! s'écria la Colbrand ne pouvant plus
dominer sa colère; sortez !

— Ciel ! qu'avez-vous donc? exclama la
Comelli avec effroi.

— Connaissez-vous cette écriture? demanda la prima donna qui, en proie à la
fureur, tenait la lettre anonyme sous les
yeux de la Française tremblante devant
elle, et la toisait de la tête aux pieds d'un
regard écrasant.

— Non, je ne la connais pas ! répondit sa
rivale avec une entière assurance.

— En feriez-vous le serment? s'écria la
Colbrand.

— Sur mon Dieu, je ne connais pas
cette écriture !

— Eh bien, tu le vois, fit l'impresario

tout ému, tu accusais injustement ton amie !

— Signora Comelli, reprit la chanteuse en se calmant, je vous avoue que je vous ai soupçonnée d'avoir écrit cette lettre. Mais en présence d'un témoin vous affirmez que cette écriture vous est inconnue, et comme je vous crois incapable d'un parjure, je me sens obligée de vous demander sincèrement pardon.

Ce disant, la Colbrand serra sa rivale dans ses bras avec une majesté théâtrale, et pour sceller la réconciliation, lui imprima un baiser sur le front.

— Quel touchant tableau ! exclama le sultan, d'un ton où perçait une légère ironie.

— Angélique, vous m'avez fait bien mal...

— Plus un mot là-dessus ! J'espère que vous ferez à monsieur Barbaja et à votre amie le plaisir d'assister à la fête de demain ?

— J'y viendrai. Pour aujourd'hui je ne veux pas vous gêner davantage. Excusez-moi de vous avoir dérangés. Bonsoir, monsieur Barbaja ; dormez bien, ma chère Angélique, dit la Française avec un délicieux sourire ; elle embrassa sa chère amie une deuxième fois avec une grande affectation de tendresse, et pimpante et gracieuse, elle gagna la porte.

La Colbrand ouvrit l'étui de maroquin vert pour voir ce qu'il renfermait.

— Franchement cette broche est du plus mauvais goût, fit-elle en examinant le bijou avec attention.

— *A caval donato non guardar in bocca* (on ne regarde pas la bouche d'un cheval qu'on reçoit en présent), repartit le signor Domenico.

— N'importe ! La Comelli n'en est pas moins une intrigante, une venimeuse araignée, que j'entourerai d'espions afin de m'assurer si elle n'est pour rien dans l'affaire de cette feuille de figuier.

— Méfiante comme un juif ! grommela Barbaja.

V

Le festin que l'impresario par la grâce
de Dieu donnait le lendemain en l'honneur de sa Pompadour, dans la vaste salle
de sa galerie de tableaux, était une de ces
joyeuses orgies qui se distinguent par le
ton de liberté qui y préside. La gaieté sans
frein, la plaisanterie sans bornes régnaient
à la petite table et mettaient les convives,
dont le nombre ne dépassait pas celui des
muses, dans cette aimable disposition d'esprit où les épicuriens, secouant tous les
soucis de la vie terrestre, vident jusqu'au
fond la coupe enchanteresse du plaisir et se
sentent aussi contents que les dieux dans
l'Olympe, aussi heureux que les croyants
dans le paradis de Mahomet.

Entre la reine de la fête et la signora
Comelli, était assis le sultan de San-Carlo,
comme une feuille de papier brouillard
entre deux feuilles de papier vélin doré
sur tranche. A côté de la Colbrand se
trouvait Rossini; près de celui-ci, maître

Elleboro; venaient ensuite David et Paccini, Garcia et l'abbé Totola, à qui était échu l'honneur d'être le voisin de la jeune chanteuse. Ce dernier était la victime qui paraissait n'avoir été invitée que pour servir de plastron aux saillies des autres commensaux, de point de mire à leurs plaisanteries.—Destinée inévitable de tout homme condamné, par la pauvreté et le désir de bien vivre, à parcourir comme un honteux parasite les déserts de sable d'une triste existence, pour apaiser par-ci par-là sa faim et sa soif sur les gras pâturages d'une riante oasis. Un parasite de cette espèce est pour le reste des convives comme le zéro pour une série de nombres; par lui-même il n'a aucune valeur, bien qu'il augmente la valeur et l'importance des autres chiffres. Maître Elleboro, qui jusquelà, n'avait jamais pris part à un repas de ce genre, appartenait également à cette classe d'individus qui ne sont invités que pour le divertissement des autres. L'ancien lazzarone, pour qui la serviette était un meuble inconnu, se trouvait tout d'un coup attablé, lui timide novice, au milieu des viveurs et des gourmands les plus raffinés.

A peine la signora Colbrand avait-elle pris possession de son fauteuil orné de fleurs et de guirlandes, que Barbaja lui tendit un petit livre relié en maroquin rouge, en lui disant :

— En qualité de reine de la fête, je dois te soumettre le menu du banquet.

La favorite ouvrit le livre, et sa surprise fut extrême en y trouvant, au lieu d'une carte à manger, une collection de billets de banque de toute sorte, dont le total s'élevait à vingt mille francs. Ces billets de banque — autrichiens, anglais et français entremêlés — étaient attachés aux feuillets du livre à l'aide de très-fines épingles.

— Vingt mille francs ! s'écria la prima donna d'un air étonné et joyeux tout à la fois.

— C'est un petit souvenir que Jupiter donne à sa Danaé, fit l'impresario.

— Quelle générosité ! reprit la Colbrand en l'embrassant avec tendresse.

— Et pourtant on dit que je suis un ladre ! Voyons, mes enfants, cela est-il vrai ? Est-ce que je suis un ladre ?

— Non, non ! exclamèrent tous les assistants, à l'exception d'un seul.

— Tiens ! maestro, tu es le seul dont la voix ne se mêle pas à ce concert.

— Dame, mon cher, tu ne m'as encore rien donné, à moi, répondit Rossini.

— Fi ! l'envieux qui ne sait pas attendre ! Ton tour viendra.

— Oui... mais quand ?

— Peut-être plus tôt que tu ne le crois, reprit le sultan en fixant sa serviette à la boutonnière de son habit. Eh bien, abbé Totola, ton appétit est-il bon aujourd'hui ?

— Grâce au ciel, il ne m'a jamais manqué.

— Oh ! pour ce qui est de cela, l'abbé dit vrai. Il dévore comme un loup, fit Paccini.

— Et il boit comme une éponge, ajouta David.

— L'estomac de notre digne abbé, dit Garcia, ressemble au tonneau sans fond des Danaïdes.

— Trois estomacs de ce calibre sont capables d'affamer une forteresse.

— Ah çà ! maître Elleboro, s'écria Rossini, pourquoi te tiens-tu grave et immobile comme une statue de cire?

— Est-ce que tes lèvres sont gelées? demanda David. A quoi penses-tu?

— A manger, répliqua Elleboro en jetant un regard affligé sur son assiette vide.

— Désirez-vous encore une cuiller? demanda la Colbrand, qui s'était adjugé la présidence.

— J'ai une cuiller, mais je n'ai plus de soupe, repartit le choriste.

— Quelle naïveté! exclama la signora Comelli, qui semblait s'intéresser beaucoup plus au jeune et robuste garçon qu'à son voisin, vieux, maigre et parfumé de musc.

Le *potage à la Comerani* fut suivi d'un *ragoût en coquille*.

— Sais-tu, Barbaja, dit Rossini, que ton cuisinier devient de plus en plus détestable?

— Au nom du ciel, ne parle pas si haut, je t'en prie.

— Et pourquoi donc parlerais-je à voix basse?

— Pour que tes paroles ne soient pas saisies au vol par un de ses espions, et rapportées aussitôt à maître Coquillard. S'il apprenait que tu as eu la témérité de blâmer un de ses mets, il serait en état de me signifier immédiatement sa démission.

— Le grand dommage, en vérité! Des cuisiniers de sa trempe, on en trouve à Naples par douzaines!

— Malheureux! tu veux donc me perdre? Où rencontrerais-je un artiste de son talent?

— Imagination, mon cher! Coquillard, je te le répète, décline de jour en jour. Depuis qu'il s'est épris de la — pâle bécassine — il sale trop ses plats; ce ragoût aussi est trop salé.

— Vous l'accusez à tort, riposta la signora Comelli. Le cuisinier de notre ami est une des premières notabilités de France...

— Et comme vous êtes Française aussi, interrompit la Colbrand, vous prenez naturellement son parti. Toutefois je partage votre opinion; notre ami Rossini est injuste

envers votre compatriote. Comment l'abbé
trouve-t-il le ragoût?

— Délicieux, au point que je suis capable
de le chanter sous la forme d'une ode.

— Cela ne veut rien dire, reprit le gai
railleur, car notre brave abbé a déjà chanté
de bien détestables choses. D'ailleurs mon
cher ami Totola s'entend aux mystères de
l'art culinaire, tout juste autant que cette
vache ! Et il désignait un tableau connu de
Wouwermans.

— Et comment ce ragoût te plait-il, à toi?
demanda David à son voisin Elleboro.

— Ma foi, je n'ai qu'une seule chose à
dire.

— Laquelle?

— C'est que je voudrais pouvoir manger
la coquille avec ce qu'elle contient.

— Charmant, charmant ! s'écria la Comelli, que l'ingénuité de son jeune vis-à-
vis enchantait tellement, que pour se mettre
en rapport magnétique avec lui sous la
table, elle posa un de ses petits pieds sur le
sien, et qu'avec la pointe de son soulier de
satin, elle risqua d'abord une pression légère suivie d'une seconde un peu plus forte.

Tout autre eût compris à l'instant ce mouvement si significatif, et se fût empressé d'y répondre. Mais Elleboro, novice encore sous tous les rapports, n'entendit pas ce langage. Il regarda sous la table, retira vivement son pied et se leva.

— Que cherches-tu donc? demanda son rusé mentor, à qui la rougeur subite de la chanteuse n'avait point échappé.

— Un tabouret pour la signora Comelli, répondit Elleboro, sans se douter qu'il livrait à la risée générale la dame sur laquelle sa jeunesse et sa vigueur avaient fait une si vive impression.

Elleboro fut seul à ne pas comprendre la cause de ce rire colossal.

— Je voulais, dit la Française qui avait vite repris contenance, mettre monsieur Elleboro à l'épreuve et m'assurer s'il est réellement aussi fin qu'il le paraît. Le signor Elleboro a brillamment subi cette petite expérience, ajouta-t-elle; et elle se mit à rire de bon cœur avec les autres convives.

— L'abbé Totola devrait essayer de mettre en vers ce joyeux intermède, dit la Colbrand.

— Plus tard, fit David, car pendant qu'il mange, notre grand poëte est sourd et muet ; il n'entend et ne voit rien de tout ce qui se passe autour de lui ; ses cinq sens n'en forment plus à présent qu'un seul ; il mange et déguste uniquement. Tenez, il engloutit en ce moment son second morceau de bœuf ; eh bien, chacun de nous lui lancerait un bouchon à la tête, qu'il ne s'en apercevrait même pas.

— Essayons ! s'écria chaque convive, en prenant le bouchon de la bouteille placée devant lui et en le lançant avec force à la tête du glouton.

L'abbé ne sourcilla pas et continua de manger paisiblement.

— Ma civette, fit Barbaja, a une peau de rhinocéros sur laquelle nos balles n'ont pas la moindre prise. Servons-nous d'armes plus pesantes et jetons-lui les bouteilles à la tête.

Totola, qui paraissait ne rien entendre, ne broncha pas.

—Que chacun prenne sa bouteille ! commanda l'impresario. Dès que j'aurai compté trois, en avant les projectiles !

Tous s'emparèrent d'une bouteille. L'abbé Totola, qui paraissait ne rien voir, continua de manger.

— Attention! cria le sultan, afin de prévenir le parasite de ce qui le menaçait; je commence à compter : un... deux... et...

— Arrêtez, fit Rossini d'une voix tonnante, arrêtez! C'est assez, n'allons pas plus loin. Songez, messieurs et mesdames, au malheur que vous causeriez à ce pauvre abbé! Où notre ami Barbaja trouverait-il un nouveau Métastase, capable de lui écrire une pièce en trois actes pour quatre-vingts misérables francs ?

— Maestro, tu as raison, répliqua Barbaja. Tiens, mange, ma civette, nous t'accordons la vie !

— Vive l'abbé Totola! s'écrièrent-ils tous en chœur.

Totola, qui n'avait pas plus entendu ceci que le reste, mangeait toujours de plus belle.

On servit des côtelettes en *papillotes*. Elles étaient si succulentes que Rossini lui-même se hâta de leur rendre justice. L'abbé, qui depuis le ragoût n'avait plus

prononcé une syllabe, laissa tomber de ses
yeux de grosses larmes de joie, en ava-
lant sa troisième côtelette. Maître Elleboro,
de son côté, trouva la sienne tellement à
son goût, qu'il mangea non-seulement la
viande, mais encore le papier qui l'enve-
loppait.

Puis vint une *dinde aux truffes*.

— Mes amis, fit Rossini, je vous invite à
porter avec moi un toast, qui s'adresse à
l'être le plus tendre, le plus aimable; à l'objet de toute mon affection; à une créature
dont la beauté nous force à admirer la
toute-puissance de Dieu, — et la bonté de
la Providence. Vive cette créature qui
nous est chère à tous, vive... la dinde!

— Bravo! bravo! s'écrièrent-ils tous,
même la Colbrand, qui d'abord avait cru
que le premier toast lui revenait de droit.

— Ce que Raphaël est parmi les pein-
tres, poursuivit le maestro, ce que le Tasse
est parmi les poëtes; ce que Mozart est
parmi les compositeurs et ce que ma ravissante voisine, la signora Colbrand, est
parmi les chanteuses, la dinde bourrée de
truffes l'est parmi les coryphées de la

table. Vive aussi la signora Colbrand, la dinde de San-Carlo!

— *Evira!* répétèrent tous les assistants.

La formule de ce toast était si ambiguë, que la reine de la fête ne savait si elle devait en être contente ou blessée.

Le *pudding à la Nesselrode* termina le service. L'abbé Totola se jeta de nouveau sur ce mets avec tant de vivacité et de précipitation, qu'on eût dit que quelqu'un placé derrière lui l'excitait à manger en lui administrant des coups de fouet.

Après une courte pause, on apporta le dessert, qui fut servi devant chacun des huit invités dans un vase d'argent séparé. Au milieu des dattes et des noix, des figues et des amandes, il se trouvait une espèce toute nouvelle de bonbon, sur l'enveloppe duquel était inscrit le nom du galant amphitryon avec la date de la fête de la Colbrand. La signora Comelli, qui aimait passionnément les friandises, déplia une de ces mystérieuses enveloppes, et elle ne fut pas peu étonnée en découvrant une pièce d'or sous le bonbon. Elle ouvrit un deuxième, un troisième, un quatrième bonbon ; tous renfermaient une pièce d'or. Les autres convives cherchèrent à leur tour, et chacun d'eux trouva dans son vase vingt bonbons avec autant de napoléons ; la Colbrand avait en outre un collier de diamants au fond du sien.

Cette surprise inattendue fit éclater la joie générale. Le champagne coula à flots, tandis que la musique et le chant résonnaient dans l'antichambre.

L'abbé Totola seul fut saisi subitement d'une tristesse extrême. La secousse que cette surprise lui avait occasionnée, avait réagi sur son estomac encombré, et arrêté d'un seul coup son énergique appétit. Par bonheur pour notre poëte, il savait se tirer d'affaire. Lorsqu'il vit qu'il fallait renoncer à manger, il se rejeta sur la boisson, et il but jusqu'à ce que, vaincu par les fumées du vin, on l'eût porté chez lui dans une litière.

Depuis ce jour, au théâtre San-Carlo les pièces de vingt francs ne s'appelèrent plus que les — bonbons de Barbaja.

VI

Trois mois après cette brillante fête —
pendant une nuit du mois d'avril 1816 —
le signor Barbaja, qui dormait comme un
ours, fut brusquement tiré de son sommeil,
pour apprendre la terrible nouvelle que
son théâtre était en flammes (1). Le feu,
qui s'y était déclaré avec une violence
inouïe, avait fait en moins de quinze heures
un monceau de cendres de l'un des plus
superbes édifices de Naples.

Le roi fut bien plus désolé que Barbaja ;
car Ferdinand, amateur passionné des
jeunes et jolies danseuses, témoignait une
grande prédilection pour San-Carlo, où
rarement il manquait un opéra, jamais un
ballet. M. de Stendhal, témoin oculaire de
l'incendie, raconte que la destruction de ce
théâtre causa à Sa Majesté des regrets
bien plus vifs que la perte qu'il avait faite.

(1) Le théâtre San-Carlo, bâti en 1740 sous Charles III,
avait déjà brûlé une première fois en 1765, mais il avait
été reconstruit bientôt après.

à une autre époque, de la moitié de son royaume (1). L'impresario se montra plus ferme et plus résigné.

— Sire, dit-il au sensible monarque, je permets à Votre Majesté de me traiter de coquin, si dans neuf mois au plus tard, San-Carlo ne s'est pas relevé de ses ruines, plus grandiose et plus beau que jamais. Dans le cas où Votre Majesté ne serait pas en fonds pour le moment, moi pauvre homme, pour hâter la reconstruction du théâtre, j'avancerai en attendant à la couronne une somme de deux cent mille scudi.

— Nous acceptons! repartit le roi qui en qualité de Bourbon était habitué à accueillir gracieusement toute offrande émanant de ses sujets.

Heureux le prince qui a de pareils serviteurs!

— Barbaja se ferait tuer pour Votre Majesté.

— Voilà qui est beau, voilà qui est no-

(1) Le roi Ferdinand, chassé de la capitale de son royaume par les Français, résida pendant neuf ans en Sicile.

ble de ta part, fit le roi en frappant amicalement sur l'épaule du directeur. Mais dis-moi, mon ami, crois-tu toujours que le feu ait été mis à dessein?

— Sire, je le jure!

— Et quel est, à ton avis, le traître qui nous a joué ce tour?

— Ce ne peut être que Tacconi, répondit Barbaja.

— J'entends ce nom aujourd'hui pour la première fois. Quel est cet homme?

— Un exilé génois, qui depuis quelque temps s'est réfugié dans les Etats de Votre Majesté, réside tantôt ici tantôt là, prend aujourd'hui un nom, demain un autre, et signale toujours sa présence par un malheur.

— Et ma police n'en sait rien?

— Sire, j'ai moi-même dénoncé le scélérat.

— Et ma police? Ma police?

— Par paresse ou par bêtise, elle n'a pas su s'emparer de lui, alors qu'il pratiquait encore à Naples ses criminelles manœuvres. Dernièrement il était à Palerme; maintenant il est à Malte.

— Et c'est de là qu'il a fait éclater un incendie à Naples?

— Votre Majesté ne doit pas ignorer qu'un brigand a toujours des complices. Ce Tacconi me paraît être le meneur d'une bande de carbonari dont les ramifications s'étendent sur l'Italie entière.

— Et qui est-ce qui t'a informé qu'il demeure actuellement à Malte? `

— Il l'a écrit lui-même.

— A qui?

— A ma Colbrand qu'il poursuit effrontément de ses assiduités et qu'il veut m'enlever à tout prix. Voilà ce qui me donne la conviction qu'il est l'auteur de cet incendie.

— Tu es, à ce qu'il me semble, un peu jaloux de lui!

— Votre Majesté sait cela par sa propre expérience... nous tenons à ne pas céder à autrui une maîtresse qui nous coûte des sommes prodigieuses.

— Aujourd'hui même je donnerai à mon ministre de la police les ordres les plus sévères. Il faut qu'il mette tout en œuvre pour nous livrer ce malfaiteur.

— Fort bien, sire, mais je vous en conjure, ne l'oubliez pas, car Votre Majesté a un excellent cœur, mais une très-mauvaise mémoire.

— Barbaja! fit le roi d'un ton menaçant.

— Que Votre Majesté ne se fâche pas! Souvenez-vous, sire, qu'il n'y a pas à Naples un homme plus fidèle, plus dévoué à son roi, que le vieux Barbaja. Je viens d'avancer que Votre Majesté avait une mauvaise mémoire. Eh bien, je veux vous prouver que cela est vrai. Combien de fois, sire, m'avez-vous promis une de vos décorations! Une de ces petites croix, de ces petites étoiles, ne coûte guère à Votre Majesté qu'une couple de scudi, et, ma foi, je les ai gagnés depuis longtemps avec vou

— Livre-nous l'incendiaire Tacconi, et tu auras un de mes ordres, aussi vrai que je me nomme Ferdinand et que je t'aime, parce que tu es un brave et digne homme, répondit le monarque en secouant cordialement la main de l'impresario. Maintenant que Dieu te garde, mon vieil ami, et fais

en sorte que nous ne soyons pas privés
trop longtemps de notre San-Carlo.

Après l'incendie du théâtre, tous les artistes furent congédiés; la Colbrand, qui
remplissait une double fonction, resta seule
à Naples. Rossini, suivi de son fidèle élève
Elleboro, se rendit à Rome où l'appelait un
engagement avantageux, et il y composa
pour le théâtre Valle un nouvel opéra —
Torvaldo e Dorliska.

L'éclatant succès, obtenu par cet ouvrage, détermina l'impresario du théâtre
Argentina à n'épargner ni les démarches ni
l'argent pour décider le maestro, que Rome
entière portait aux nues, à écrire une œuvre
nouvelle pour la scène qu'il dirigeait.

— Avez-vous un bon libretto? demanda
Rossini.

— J'en ai dix pour un; malheureusement ils sont d'une nature telle, que notre
gouverneur par trop craintif me les a tous
renvoyés en me refusant l'autorisation de
les représenter, sous prétexte qu'ils renfer-
ment des allusions dangereuses.

— Les anciens maestri pouvaient s'estimer heureux; ils avaient un Metasta-

sio(1), un Da Ponte (2), un Casti (3). Nous
autres, nous n'avons pas un seul bon librct-
tiste. Ne possédez-vous donc aucune vieille
pièce, qui ne puisse offusquer personne?

(1) Pietro Bonaventura Trapassi, surnommé Metastasio
(né le 3 janvier 1608 à Assisi, mort le 12 avril 1782 à
Vienne), avait déjà composé, à l'âge de quatorze ans, un
poëme d'opéra, *il Justino*. En 1724 on représenta à
Naples son premier opéra, *Didone abbandonnata*, mis en
musique par Domenico Sarro. Il a composé en outre
Artaserse, *Attilio Regolo*, *Temistocle*, *la Clemenza di
Tito*, *Alessandro nell' Indie*, et une foule d'autres
opéras, qui, réunis en dix volumes et dédiés à la marquise
de Pompadour, ont été publiés à Paris en 1755.

(2) Lorenzo Da Ponte (né en 1748 à Anoda, mort le 17
août 1838 à New-York) écrivit pour Salieri les *Danaïdes*
et un grand nombre d'autres opéras; pour Martini *l'Ar-
bre de Diane* et pour Mozart *Don Juan* et les *Noces de
Figaro*.

(3) Giambattista Casti (né en 1721 à Montefiascone,
mort le 7 février 1803 à Paris). Nommé poëte de la cour
par l'empereur Joseph II, après le décès de Metastasio, il
composa *la Grotta di Trofonio* et *il re Teodoro in Venezia*
pour Paisiello. Nous devons citer comme une chose curieuse, qu'un troisième opéra-comique, que nous devons
à l'auteur des *Animali parlanti*, est intitulé *Catilina*.
Le héros de ce sujet tragi-comique est le vieux Cicéron
qui, entre autres morceaux, chante une *aria buffa*, dans
laquelle le musicien a parodié de la façon la plus burlesque le fameux discours — *Quosque tandem, Catilina,
abutere patientiâ nostrâ*.

—J'aurais bien un poëme, mais je crains qu'il ne vous plaise pas.

— Lequel?

— Le *Barbiere di Siviglia.*

— Païsiello l'a déjà traité.

— Raison de plus pour que vous vous empariez de ce sujet. A mon avis, la spéculation ne serait pas mauvaise. L'Italie aurait ainsi l'occasion de comparer l'ancien temps et l'époque actuelle; quant à moi, je suis convaincu que ce parallèle tournerait tout à fait à votre avantage.

— Croyez-vous? demanda le maestro, dont cette assertion flatta singulièrement l'amour-propre.

—Je suis tellement sûr de votre victoire, que je gagerais avec vous...

— Vous gageriez?

— Que votre *Barbier* désarçonnerait partout celui du signor Païsiello.

—Dans un mois vous aurez ma réponse, reprit Rossini, et il congédia l'impresario enchanté de lui-même.

Le même jour Rossini écrivit au vieux Païsiello, qui dirigeait le conservatoire de Naples depuis 1804, époque où il avait quitté Paris avec la croix de la Légion d'honneur et une pension de quatre mille francs. L'ancien maestro, qui était très-entiché de lui et de sa musique, et qui voyait de mauvais œil la réputation croissante de son jeune rival, avait pourtant assez de tact et d'adresse pour ne pas se compromettre aux yeux du monde. Il répondit avec un grand luxe de politesse qu'il applaudissait avec une joie véritable au choix de ce sujet, et qu'il était persuadé que l'éblouissant génie de Rossini donnerait un nouveau charme au vieux poëme. Il finissait en souhaitant au compositeur et à toutes les scènes d'Italie, qui devaient s'attendre à un chef-d'œuvre, la réussite la plus complète. Rossini, enivré et enthousiasmé par les louanges du vieux maître, se mit dès lors courageusement à la besogne.

Nous avons déjà dit précédemment que notre maestro avait achevé son *Barbier de Séville* en treize jours, délai bien court, pendant lequel maint lourd compositeur qui regarde le — *dio della musica* — d'un air dédaigneux et du haut de sa grandeur, ne pourrait souvent produire qu'un mor-

ceau étique ou un duo éreinté, à la sueur
de son maigre talent.

Personne, dans toute l'Italie, n'était
plus curieux de connaître le succès de cet
opéra que le chevalier Païsiello. — Si son
Barbier réussit, se disait-il, le mien est
perdu ; mais s'il déplaît, ce que je suppose,
l'étoile de ma renommée, qui est à son dé-
clin, va reprendre un nouvel éclat et ob-
scurcir l'astre qui se lève.

Il ne vécut pas assez longtemps pour voir
décider cette grave question, qui inquiétait
vivement la jeune ambition du vieil artiste. Giovanni Païsiello mourut le 5 juin
1816 (1) et ce ne fut que six mois après —
le 26 décembre — que la représentation
du *Barbier* de Rossini eut lieu au théâtre
Argentina. La signora Giorgi chanta le
rôle de Rosine, Garcia celui d'Almaviva ;
Zamboni faisait Figaro, et Botticelli le
docteur Bartolo. Nous ne dirons que
quelques mots de cet opéra que chacun
de nos lecteurs connaît assurément. *Le
Barbier de Séville,* d'après l'opinion des

(1) Il était né à Tarente le 9 mai 1741.

juges les plus compétents, est l'une des
plus belles feuilles de la couronne de lauriers de l'*Orphée de Pesaro,* qu'un poëte
allemand appelle l'*Helios de l'Italie.* Tout
l'opéra ressemble à un bengali aux mille
couleurs, qui au lever de la souriante au-
rore a baigné son chatoyant plumage dans
l'éblouissante rosée des fleurs ; chacune de
ses notes est une perle liquide qui tremble
sur une feuille de rose. La partition tout
entière semble avoir été écrite au milieu de
l'ivresse du vin de Champagne ; chaque
morceau, chaque mesure de cet opéra jail-
lit et perle, écume et pétille, comme la
liqueur vermeille de l'œil de perdrix. On
savoure cette musique comme une bouteille
de Cliquot, et l'on se sent étourdi par le gaz
piquant de ces suaves mélodies, par la
mousse étincelante de ces rhythmes dont
le gazouillement voluptueux ravit et transporte. Rossini n'eût-il écrit que *le Barbier
de Séville,* ce seul opéra suffirait pour lui
assurer une des premières places parmi les
plus fameux compositeurs de tous les
temps.

Et cependant cette délicieuse musique

n'obtint qu'un demi-succès lors des premières représentations qui furent données à Rome. Le public s'était divisé en deux grands partis, les Païsiellistes et les Rossiniens, qui, à l'instar des anciennes factions des Neri et des Bianchi, des Guelfes et des Gibelins, s'étaient déclaré une guerre implacable. Les adversaires de Païsiello élevaient Rossini jusqu'au ciel; ceux de Rossini proclamaient la supériorité de Païsiello, décédé depuis quelque temps. A cette époque, l'ancienne et la nouvelle musique italienne se livrèrent un combat à outrance, dont le sort ne fut décidé que plus tard à Paris (1); le compositeur vivant triompha du compositeur mort. Païsiello reposait dans les entrailles de la terre, et Rossini était au zénith de sa gloire dont les rayons, semblables à ceux du soleil, se répandaient sur l'univers entier.

Rossini écrivit alors à la signora Colbrand, avec laquelle il entretenait une correspondance secrète : — Je voudrais

(1) *Le Barbier de Séville* fut joué pour la première fois à Paris le 26 octobre 1819; de là, il fit le tour du monde et partout il excita le plus vif enthousiasme.

que ma belle amie fût actuellement à Rome,
afin d'être témoin de mon triomphe. De
jour en jour, mon *Barbier* trouve ici plus
de sympathie, et il sait si bien s'insinuer
dans les bonnes grâces des adversaires
mêmes les plus déclarés de la nouve'le
école, que, malgré eux, ils aiment de plus
en plus ce joyeux compère. La nuit on entend dans toutes les rues la sérénade d'Almaviva; le grand air de Figaro — *Largo
al factotum* — est le cheval de parade de
toutes les basses; la cavatine de Rosine —
Una voce poca fa — est le chant du soir
avec lequel toutes les belles vont se mettre
au lit, et le matin elles se réveillent en fre-
donnant : — *Lindoro mio sarà.* Mais,
chère Angélique, voici qui vous intéressera
plus que mon opéra. J'ai inventé récem-
ment une nouvelle salade — à la grande
joie de tous les gastronomes. Je m'empresse
de vous en communiquer la recette. Prenez
un plat, mettez-y de l'huile de Provence,
de la moutarde anglaise, du vinaigre de
France, un peu de jus de citron, du poivre
et du sel, remuez le tout jusqu'à mélange
complet, et assaisonnez-le de fines tranches

de truffes. Ces dernières procurent à la salade une saveur qui jette le gourmand dans une profonde extase. Le cardinal secrétaire d'État, dont j'ai fait dernièrement la connaissance, m'a donné pour cette découverte sa bénédiction apostolique. — Mais pour revenir au *Barbier*... dans le deuxième acte qui, à franchement parler, est plus faible que le premier, ce qui plaît le plus, c'est le duo entre le comte déguisé en maître de chant et le docteur Bartolo — *Pace e gioja;* l'air du vieux tuteur — *Quando mi sei vicina* — dans lequel j'ai persiflé l'ancienne école, et la fin du trio entre Rosine, Almaviva et Figaro — *zitti, zitti, piano, piano.* — Ce qui plaît le moins, c'est le quintuor, où le fiévreux Basile s'en va et revient ensuite. J'avoue moi-même de grand cœur que le quintuor de Païsiello est bien plus simple et plus gracieux que le mien. — Ne manquez pas, chère Angélique, de vous convaincre le plus tôt possible de l'excellence de ma nouvelle salade. — J'ai appris avec un plaisir infini, ma chère Colbrand, que vous avez pris sous les ailes de votre protection la fiancée de mon jeune ami. Maître Elleboro se porte bien, et il fait de si jolis progrès qu'il vous surprendra. Le gaillard me charge de déposer un baiser sur votre main et un autre sur la bouche de sa Francilla.

En somme, je m'amuse passablement ici ; j'obtiens auprès des Romaines plus de succès que je ne le voudrais ; mais ce qui me désespère, c'est que dans cette ville les bonnes huîtres sont rares, pour ne pas dire introuvables. Lorsque, dans votre divine Naples, vous savourez de fraîches et délicieuses huîtres, ne manquez pas, je vous en supplie, de penser à moi.

P. S. J'allais oublier la chose la plus importante. J'ai commencé, il y a peu de temps, un nouvel opéra. J'espère vous l'apporter complétement achevé. Jusque-là n'oubliez pas tout à fait votre

G. ROSSINI.

Dans les premiers jours du mois de janvier 1817, l'auteur de cette lettre revenait à Naples, chargé d'or et de gloire.

VII

— Qu'est-ce que tu m'as apporté? demanda Barbaja, lorsque le maestro, dont il avait attendu l'arrivée à la poste, descendit de voiture, en compagnie de deux valises et de maître Elleboro.

— Je t'apporte d'abord la bénédiction du saint-père...

— Que le diable t'enlève ! s'écria le païen, peu touché d'un pareil don.

— Puis, je t'apporte un plan de Rome, un cure-dent en argent, un portrait du cardinal secrétaire d'Etat, une plume d'or et mon buste.

— Est-ce là tout?

— Le meilleur pour la fin ! Je te destine encore, entre autres choses, un opéra entièrement nouveau.

— Que Dieu te bénisse, mon cher ami ! fit-il alors en changeant soudain de ton. Et comment s'appelle ton nouvel opéra?

— *Barbaja ou le Chameau à la torture.*

— Tu voux me mettre en colère!...

— Non, mon ami... mais te mystifier un peu. Mon opéra est intitulé: *Otello ou le More de Venise.*

— Sujet magnifique ! As-tu besoin d'argent ?

— Non ! répondit le maestro en chargeant son compagnon de voyage de ses valises.

— Non ? Diable ! c'est la première fois que je t'entends dire cela. Quant à moi, mon bon, j'ai besoin de ton opéra.

— Je le sais, et c'est pour ce motif que je suis revenu à Naples plus tôt que tu ne l'espérais.

— Tu ne saurais croire, maestro, combien ta présence me manquait. Ah çà ! tu vas reprendre ton logement chez moi ?

— Non !

— Est-ce que quelqu'un t'aurait contrarié dans ma maison ?

— Oui !

— Qui donc ? demanda le sultan d'un air courroucé.

— Ton cuisinier. L'imbécile avait appris que peu de temps avant mon départ je l'avais traité de gargotier. Cinq jours après je reçus une lettre dans laquelle le manant me provoquait au pistolet.

— Je le chasserai, je l'étranglerai !

— Fais ce que tu jugeras à propos ; quant à moi, j'irai demeurer où bon me semblera...

— Et ton opéra nouveau ?

— Dès demain il sera à ta disposition contre le prix de cinq cents ducats.

— Cinq cents ducats ? Mais tu perds la tête ?

— Cela ne te va pas ? Fort bien ; en ce cas je l'enverrai à Milan ou à Venise. Dieu lui-même, s'il était directeur de théâtre, ne refuserait pas un opéra nouveau de Rossini.

— Je t'en donnerai quatre cents.

— Il ne s'agit pas ici de marchander ! fit Rossini, et il planta là son interlocuteur.

Barbaja prit immédiatement le chemin du domicile de son amie.

La signora Colbrand qui, malgré sa vanité et sa coquetterie, était douée d'un assez bon cœur, s'était déterminée, peu de temps après le départ de Rossini de Naples, et sur ses instances, à prendre auprès d'elle son élève Francilla, la pauvre orpheline dont le talent donnait les plus belles espérances. D'abord elle en avait fait une espèce de Cendrillon, qui remplissait chez elle les fonctions de femme de chambre, et elle ne s'était nullement occupée de son éducation musicale. Mais la prima donna ayant été atteinte d'une violente fièvre nerveuse, la jeune Cendrillon avait veillé jour et nuit au chevet de la signora avec le plus touchant dévouement et soigné sa maîtresse avec une affection vraiment filiale. Une fois guérie, la Colbrand avait appelé sa fidèle garde-malade et lui avait dit :

— Francilla, tu m'as donné, dans le cours de ma maladie, des preuves sans nombre d'amitié et d'abnégation ; aussi suis-je devenue pour toujours ta débitrice. Ton isolement dans le monde, ta position malheureuse, digne de pitié, l'incertitude de ton avenir, m'inspirent le plus vif intérêt, et je suis résolue à me charger de ton sort. A dater de ce jour, je veux être ta mère et ta sœur, ton institutrice et ton amie ; pour te rendre heureuse, je ferai

tout ce que mérite à juste titre une créature aimable, bonne, pieuse et innocente
comme toi.

Francilla avait éprouvé dans ce moment
une émotion trop profonde, pour traduire
en de froides paroles les chaleureux sentiments qui agitaient son cœur. Des larmes
de reconnaissance étaient venues baigner
ses yeux rayonnants de joie, quand elle
avait saisi la main de la signora pour la
presser contre ses lèvres tremblantes, avec
un attendrissement inexprimable.

Depuis ce moment, Francilla ne fut plus
une Cendrillon. Elle ne fut plus la servante,
mais la fille adoptive, l'amie de la signora
Colbrand.

Barbaja, le vieux débauché, qui de prime
abord s'était épris de la jeune orpheline,
dont la merveilleuse beauté brillait du
plus pur éclat, n'avait pas tardé à l'aimer
au point que, rien qu'à cause d'elle, il
allait visiter son *ancienne flamme* beaucoup plus fréquemment, presque tous les
jours, comme au début de leurs relations.

— Diable ! se dit-il à lui-même, en montant l'escalier de sa maîtresse, le jour de

l'arrivée de Rossini, cette petite sorcière de Francilla devient de plus en plus jolie. En vérité, si elle n'était aussi vertueuse et aussi simple, je m'en amouracherais. Mais il y a en elle quelque chose de si séraphique, que moi, vieux pécheur endurci, je tremble d'effroi à la pensée qui de temps à autre se glisse dans ma tête. Je n'ai pas le courage de profaner la chaste oreille de cette enfant par le moindre mot de la flatterie la plus banale. Et ce paltoquet d'Elleboro! Le bélître a plus de chance que d'esprit! Dire que cet ange de beauté et d'innocence est la fiancée de ce maroufle! que ce pauvre sire, avec toute sa misère, est dix fois plus digne d'envie que moi, qui ne suis aimé que par intérêt! Si Francilla était la femme d'Elleboro, je ne me ferais nullement scrupule de mettre sa vertu à l'épreuve. Mais la jeune personne est encore une enfant, et si innocente avec cela, que, rien que d'y songer, l'eau m'en vient à la bouche.

Dans l'antichambre il trouva la gracieuse jeune fille s'occupant à arroser les fleurs.

— Bonjour, petite, fit le sultan en imprimant à son énorme bouche le sourire le plus mielleux.

— Monsieur, je vous salue.

— La signora Colbrand...

— Elle est sortie en voiture depuis une heure.

— Et elle t'a laissée à la maison, ma pauvre enfant?

— Parce que je me sentais indisposée.

— Qu'est-ce que tu as donc, mon trésor? demanda le gros pécheur avec un air de sympathie réelle.

— Ce que j'ai, je ne le sais pas moi-même ! Je suis accablée de fatigue, anéantie, parce que la nuit je ne puis dormir.

— Depuis quand?

— Oh ! depuis longtemps, depuis très-longtemps, répliqua Francilla en exhalant un profond soupir.

— Il faut consulter le médecin.

— C'est ce que la signora m'a dit aussi.

— Mais tu ne l'as pas fait...

— Parce que je sais que nul médecin au monde ne peut me soulager. La mort est ce qu'il y a de préférable pour moi.

— Tu es épanouie comme une jeune rose et tu penses à mourir?

— *Oggi in figura, doman in sepoltura* (1).

— Mon enfant, c'est de la folie.

— Y a-t-il longtemps que vous n'avez pas reçu de nouvelles de Rome? demanda la jeune fille, pour porter la conversation sur un autre sujet.

— Eh! eh! chaque fois que tu me vois, tu me demandes des nouvelles de Rome. Sans doute tu désires savoir...

— S'il reviendra bientôt à Naples?

— Ton fiancé?

— Le signor Rossini, mon professeur, ajouta-t-elle vivement d'une voix tremblante, et elle tourna brusquement son visage du côté de la fenêtre, pour cacher sa rougeur subite au regard interrogateur de Barbaja.

— Rossini? répéta l'impresario tout surpris. Le maestro est de retour depuis une heure.

(1) Aujourd'hui vivant, demain mort.

— Il est revenu ? demanda Francilla d'un ton dans lequel vibrait l'élan d'une joie secrète.

— Voilà qui paraît te faire beaucoup de plaisir ?

— Cela vous étonne ? Mon ami, mon fiancé, mon Torquato, ne revient-il pas avec lui ?

— Mais si je te disais que maître Elleboro est resté à Rome ?

— Oh ! non ! Torquato ne quitte pas son précepteur: il suit son maître comme le caniche le plus fidèle.

— Est-ce le caniche ou son maître que tu aimes ? demanda le sultan d'un air si rude que la pauvre enfant, qui voyait tout à coup son secret trahi et son cœur mis à nu, tressaillit de frayeur et devint pâle comme une morte.

— Hélas ! monsieur ! balbutia Francilla en joignant les mains.

— Chut ! chut ! je sais tout maintenant ! fit Barbaja, et il essuya avec son foulard la sueur qui inondait son menton.

La Colbrand arriva dans ce moment, et on ne peut plus à propos.

— Est-ce qu'il y a longtemps que tu m'attends? demanda la chanteuse.

— Depuis cinq minutes, répondit l'impresario en suivant son amie dans son boudoir.

Francilla se retira, plus triste que jamais, dans sa chambre où elle donna un libre cours à sa douleur et à ses sanglots.

— Ainsi, dit la Colbrand à Barbaja, notre maestro est enfin revenu, et...

— Il t'a apporté un More.

— Un More?

— C'est-à-dire un nouvel opéra : *Otello, le More de Venise*. Mais j'ai une autre nouvelle bien plus intéressante à t'apprendre.

— Voyons!

— Le scélérat, soit dit entre nous deux, a encore fait une superbe conquête.

— A Rome?

— Non! Ici à Naples, ici dans ta maison...

— Dans ma maison? répéta-t-elle d'un air effrayé. Est-ce moi par hasard que tu accuses d'une pareille folie? demanda-t-elle avec un sourire ironique.

— Non pas toi, mais Francilla.

— Allons donc, tu déraisonnes!

— Je te dis que Francilla est amoureuse de ce diable d'homme jusqu'à la démence.

— Mais, de grâce, quel motif te fait croire à une semblable sottise?

— Des indices d'une nature infaillible, et je te permets de me souffleter sur les deux joues, si je me suis trompé.

Ensuite il lui raconta l'entretien dans lequel Francilla avait révélé, malgré elle, à l'indiscret bavard, sa mystérieuse inclination pour le maestro. La Colbrand qui, dans son écolière, voyait à l'improviste surgir une rivale, se trouva dans une position extrêmement pénible. Bien que consternée de ce qu'elle venait d'apprendre, elle dut néanmoins simuler l'indifférence et se montrer gaie comme à l'ordinaire, de peur de se laisser surprendre par l'œil de lynx du jaloux Céladon.

— Et crois-tu réellement, demanda-t-elle avec le plus gracieux sourire, que Francilla puisse être infidèle à son fiancé et dangereuse pour le maestro?

— Est-ce que l'infidélité n'est pas chose

innée chez la femme, et Francilla n'est-elle pas assez belle pour plaire à un chasseur de cotillons tel que Rossini?

— Rossini, mon cher, est un homme d'esprit; Francilla est une dinde.

—Une jeune dinde, ma bonne Colbrand, a plus de saveur qu'une vieille perdrix. Le maestro est un fin renard qui ne dédaigne pas même la plus sotte créature, pourvu qu'elle soit jeune et jolie.

— Eh bien, fit la prima donna en affectant de faire bonne contenance, réjouissons-nous de son bonheur! Seulement, je plains le pauvre Elleboro... Tu devrais le prévenir.

— Y songes-tu, Colbrand? as-tu jamais entendu dire que les loups se mangent les uns les autres? C'est à toi de conseiller au pauvre garçon de se tenir sur ses gardes.

— Bien, c'est ce que je ferai, mais d'abord je veux m'assurer si Francilla est capable d'une pareille stupidité... Ainsi donc, du silence avant tout... que Rossini ne se doute de rien. Le reste ira tout seul... réunissons tous deux nos forces pour faire échouer la nouvelle victoire du maestro...

— Mais Francilla...

— Elle obéira aux sages exhortations de son amie, de sa bienfaitrice, et renoncera à sa passion insensée.

— Bravo, Colbrand, voilà comme tu me plais! Il faut protéger l'innocence, empêcher le crime. Attends, attends rusé renard, nous nous y prendrons de manière que, malgré toute ta finesse, tu ne parviennes pas à déjouer notre vigilance, — Et ce disant, le vieux tartufe frottait en riant ses larges mains.

VIII

Peu de temps après—le 12 janvier 1817 — eut lieu l'inauguration du nouveau théâtre, au grand plaisir du roi et de toute la population de la *très-fidèle* ville de Naples. L'*Élisabeth* de Rossini servit de pièce d'ouverture, La reconstruction de la salle incendiée avait coûté, tous frais calculés, la somme de huit cent mille florins.

San-Carlo, l'un des théâtres les plus beaux et les plus grandioses du monde entier, est situé sur la place du *Palazzo Vecchio* et il forme le dernier anneau d'une longue chaîne d'imposants édifices. Il renferme cent-quatre-vingt-une loges, divisées en six rangs et soutenues par des cariatides richement dorées. Le parterre est tellement vaste qu'il compte huit cents stalles extrêmement commodes. La salle entière contient plus de trois mille spectateurs, sans y comprendre l'orchestre, où deux cent cinquante personnes peuvent se placer à l'aise. — Huit fois par an, lors de l'anniversaire de la naissance du roi et des autres fêtes de la cour (1), l'intérieur du théâtre est éclairé par douze mille bougies. Ces jours-là, le premier rang de

(1) Quand le roi est au théâtre, on place dans la coulisse faisant face à sa loge un soldat suisse de la garde, dont le fusil est chargé et armé, et qui doit incessamment tenir ses yeux fixés sur le souverain. — La mise en scène des ballets est encore plus splendide que celle des opéras; cependant les danseuses ne peuvent pas, comme chez nous, paraître en maillots étroits et couleur de chair; elles doivent porter de larges culottes vertes, descendant jusqu'aux genoux. Sur ce point la frivole Naples est bien plus prude que Rome la dévote.

loges, garni de somptueuses toilettes, nage dans un océan d'éblouissantes lumières, et vu du parterre, il offre un coup d'œil vraiment féerique; on se croit transporté dans un palais au milieu des merveilles des Mille et une Nuits (1).

Outre celui de San-Carlo, Naples possède encore huit autres théâtres : le théâtre *del Fondo*, sur la place du *Castello Nuovo* — alors cette salle était également sous la direction de Barbaja; — le théâtre *di San Fernando*, près du *Ponte Nuovo*; le théâtre de *la Fenice* sur la place du *Palazzo Vecchio*; le théâtre *Fiorentino*, à côté de l'église *San Giovanni di Fiorino* — il est exclusivement consacré à la comédie; — le théâtre *San-Carlino*, dans le voisinage de celui de San-Carlo; le théâtre *Pulcinella* (2), où pendant toute l'année

(1) Au dire même de Barbaja, les recettes de ce théâtre se sont élevées dans certaines années à trois cent mille scudi.

(2) L'abbé Gallani fait provenir l'origine de *Pulcinella*, l'idole du peuple napolitain, d'un paysan de Sorrento, nommé Benedetto, qui, vers la fin du XVIIe siècle, était généralement connu et aimé à Naples à cause de son

on représente les farces les plus licencieuses, à l'exception du temps du carême, où, chose bizarre, on n'y joue que des pièces

esprit et de sa difformité — deux choses que l'on trouve si souvent réunies. Une double bosse — placée l'une par devant, l'autre par derrière — donnait à son court et grotesque corps une telle rondeur, qu'il reçut le surnom de *Cetrinolo* — Concombre. Un jour qu'il vendait, selon son habitude, de jeunes poulets sur la place *Gallita*, un bourgeois, après avoir marchandé longtemps, lui en offrit un si bas prix, que maître Potiron s'écria avec humeur: *Se fossono pulcinelli me dareste mai !* (Si c'étaient des petits gâteaux, vous m'en donneriez davantage.) Les gestes comiques dont il accompagna cette exclamation excitèrent, dit-on, l'hilarité générale et valurent au joyeux bouffon le sobriquet de *Pulcinella*. D'autres racontent que le paysan bossu s'appelait Pacel d'Antello, et que s'étant fait acteur, sur le conseil de plusieurs comédiens, il devint bientôt le favori de Naples par sa tournure grotesque et ses plaisantes saillies. — *Pulcinella* porte des culottes de laine blanche et un habit de même couleur à larges manches, sur lequel sont cousus un nombre infini de petits cœurs. Une fraise gigantesque, un bonnet de laine blanche, garni d'une mèche rouge, et une ceinture de cuir noir complètent le costume de ce type populaire, universellement aimé. La partie supérieure du visage est recouverte d'un demi-masque noir, sur lequel s'avance un nez d'une longueur remarquable et recourbé comme le bec d'un perroquet. Le plus célèbre *Pulcinella* fut Michel Angelo da Fracassano mort en 1083 à Naples. — Une épitaphe composée à son sujet assure qu'il était si burlesque, que, même après son inhumation, il avait fait rire les vers dans son tombeau ! !

tirées de l'histoire sainte ; le théâtre de la *Compagnia de' ragazzi*—un théâtre d'enfants — et le théâtre *della Sorte*, exploité par des joueurs de marionnettes, des danseurs de cordes et autres saltimbanques.

De toutes ces salles de spectacle, la plus fréquentée est sans contredit celle de San-Carlino.

IX

A l'époque où San-Carlo renaissait de ses cendres comme un phénix, il s'était établi entre lady Monmouth et ses deux compatriotes l'esquire Barnabas et le baronnet Habacuc, une de ces liaisons qui commencent par une plaisanterie inoffensive, et finissent d'ordinaire par un dénoûment extrèmement tragique — par un mariage. Lady Esther se trouvait entre ses deux adorateurs, comme l'âne raisonneur de Buridan entre les deux bottes de foin, ne sachant auquel des deux donner la préférence.

En effet les deux gentlemen étaient d'une amabilité à peu près égale ; mais cette amabilité d'Outre-Manche diffère de celle de toutes les autres nations en ceci, que la couleur primitive de cette *amability* est d'habitude très-désagréable, et souvent même, insupportable pour quiconque n'est pas Anglais. Un flegme glacial, un spleen fastidieux rendent l'Anglais, même le plus policé, désolant aux yeux des gens des autres pays. Mais pour lady Monmouth, qui ne brillait pas non plus par l'excès de ses charmes, ces deux prétendants, bien qu'également laids, étaient encore suffisamment beaux. Ils possédaient l'un et l'autre une fortune considérable et ce haut degré d'originalité qui frise la démence.

L'esquire avait une manie toute particulière et des plus étranges. Il faisait une collection de dents molaires, mais de celles-là seules qu'il savait positivement avoir appartenu autrefois aux mâchoires de femmes célèbres. Barnabas Littleblount possédait plus de deux cents de ces dents historiques, et dans le nombre une molaire excessivement creusé qui avait garni jadis

la bouche de la maîtresse d'Abélard, la divine Héloïse. Il avait aussi dans son intéressante collection trois dents d'Agnès Sorel et une autre, parfaitement intacte, de la céleste Laure, qui ne se l'était fait extraire que par amour pour Pétrarque. Cette molaire qu'elle lui avait donnée autrefois — en souvenir des agréables heures passées à Vaucluse — le grand poëte l'avait léguée dans son testament à Giovanni da Bocchetta, sacristain de l'église d'Arqua. Bocchetta en fit présent à son église, qui resta en possession de cette relique jusqu'en l'année 1769, où elle devint la propriété d'un descendant de la belle Laure, l'abbé Paul Alphonse de Sade (1). Celui-ci laissa la dent à son neveu le fameux marquis de Sade (2), qui peu de temps avant son décès — il mourut emprisonné à Charenton le 2 décembre 1814 — avait vendu le legs de Pétrarque à un marchand d'antiquités lyonnais, lequel

(1) Auteur des *Mémoires pour servir à l'histoire de la vie et des ouvrages de François Pétrarque.*

(2) Auteur de *Justine* et d'autres romans célèbres.

l'emporta en Angleterre. Là, l'esquire Barnabas avait eu le bonheur d'acquérir ce
trésor moyennant une bagatelle — deux
cent vingt livres sterling. Il tenait tellement à sa collection, qu'il se serait laissé
arracher son propre râtelier, plutôt que de
se défaire d'une seule pièce de son musée.
Chacune de ces dents était renfermée
dans un élégant étui, sur le couvercle duquel étaient inscrits le nom de la femme de
qui elle provenait et le prix qu'elle avait
coûté. Le montant de toutes ces sommes
réunies formait un total de plus de trois
mille livres sterling.

Une passion moins dispendieuse, mais
beaucoup plus folle encore animait le très-
honorable sir Habacuc. Le baronnet était
infatué de sa personne, bien peu attrayante
cependant, et bien qu'il fût un modèle de
laideur, il se considérait comme le plus
bel homme des trois Royaumes-Unis. En
1802 il était venu sur le continent, avec
l'intention de se faire peindre au moins
une fois dans chaque ville qu'il honorerait
de sa présence. Toujours en voyage depuis quatorze ans, le baronnet Habacuc

possédait déjà environ neuf cents portraits
de son adorable personne, et néanmoins
pas un mois ne s'écoulait sans qu'il posât
de nouveau devant trois ou quatre pein-
tres. Mais la vanité ne lui inspirait pas
seule cette singulière fantaisie; l'intérêt y
entrait aussi pour quelque chose. Avant
son départ de Londres, il avait parié avec
un de ses amis, le vicomte Timothy Bar-
rington, une somme de quarante mille
livres sterling, qu'il ne reviendrait dans la
capitale de l'Angleterre que lorsqu'il pourrait rapporter avec lui une galerie d'au
moins mille portraits de son estimable in-
dividu: pari facile à gagner en apparence,
mais renfermant cette clause aggravante,
que ces mille portraits ne pourraient offrir
entre eux la moindre analogie, quant à la
coupe, à la couleur du costume, et à la
position du corps. En suite de cette ga-
geure, le rusé vicomte avait réussi à tenir
pendant nombre d'années le baronnet éloigné d'une charmante danseuse, à qui notre
sir Habacuc plaisait visiblement, en dépit
de sa laideur. Celui-ci, pour gagner
promptement son pari, ne pouvait laisser

passer une semaine sans enrichir son
musée d'un nouveau portrait; mais de
semaine en semaine la tâche du peintre
devenait plus difficile, car les postures et
les costumes étaient presque tous épuisés.
Que l'on se figure une galerie de mille
portraits du même personnage représenté
dans d'autres vêtements et d'autres atti-
tudes, et que l'on nous dise si cette idée et
ce pari ne sont pas entièrement dignes
d'un Anglais?

Un matin sir Barnabas vint faire une
visite à sir Habacuc.

— Félicitez-moi, baronnet.

— M'est-il permis de demander pourquoi?

— Il m'arrive le plus grand des bon-
heurs. Vous n'ignorez pas que mon cabi-
net, unique en son genre, renferme une
dent authentique de cinq femmes de Henri
VIII ; de Catherine d'Aragon, de Jeanne
Seymour, d'Anne de Clèves, de Catherine
Howard et de Catherine Parr. Pour compléter cette précieuse série, il ne me manquait jusqu'à présent qu'une dent d'Anna
Boleyn. Après des recherches de plusieurs

années, j'ai enfin réussi hier à remplir cette lacune. Deux dents de la seconde femme du grand Henri m'ont été vendues pour la misérable somme de quatre cent quatre-vingt-dix scudi, et je me sens si heureux, si heureux, que de joie je serais capable de vous embrasser.

— Ma foi, sir Barnabas, vous pouvez me féliciter également...

— Pour quelle raison?

— J'ai trouvé ce matin un jeune artiste qui s'est engagé par contrat à me peindre d'ici à trois mois dans douze postures nouvelles, et devinez dans quel costume...

— Dans le costume des douze apôtres?

— Non!

— Des douze figures du Zodiaque?

— Pas davantage...

— Comment donc?

— Sous la forme des douze figures du jeu de cartes français... en roi, dame et valet des quatre couleurs, cœur, carreau, pique et trèfle. Que dites-vous de cette idée?

— *Very good, very fine!*

— Elle est de moi, fit le baronnet d'un air fier et suffisant.

— Mais savez-vous, sir Habacuc, ce qui excite le plus ma curiosité ?... Je serais enchanté de vous voir en dame de pique.

— Une fois la douzaine de ces nouveaux portraits achevée, mon musée en comptera juste huit cent quatre-vingt-dix-huit. Il m'en manquera encore cent deux, pour compléter le nombre de mille, puis j'aurai gagné mon pari de quarante mille livres.

— Alors vous partirez tout droit pour Londres...

— Et je reviendrai immédiatement à Naples.

— Pourquoi faire?

— Pour épouser lady Monmouth.

— Baronnet, cela ne sera pas !

— Qui m'en empêchera? demanda sir Habacuc, en accrochant ses pouces dans les entournures de son gilet.

— Mes droits sont antérieurs aux vôtres... veuillez, je vous prie, ne pas l'oublier.

— N'importe ! je me flatte que lady

Esther n'hésitera pas un moment à m'accorder la préférence...

— Avez-vous envie de parier?

— Je parie dix mille livres.

— C'est convenu! s'écria sir Barnabas. Demain je solliciterai la main de milady.

— Pourquoi pas aujourd'hui? Pourquoi pas maintenant? Je suis si sûr de mon affaire, dit le baronnet, que je vous propose de m'accompagner à l'instant même chez lady Esther...

— Je suis prêt! répliqua l'esquire.

Les deux gentlemen se rendirent chez la nièce de l'ambassadeur d'Angleterre, afin de la demander en mariage tous les deux en même temps.

— Milady, fit le baronnet, est vieille et laide, mais...

— Riche et d'ancienne noblesse, ajouta l'esquire. Ses trésors artistiques, ses autographes...

— Valent cent mille livres entre connaisseurs, reprit Habacuc.

Lady Esther, qui depuis longtemps avait doublé le Cap Quarante, n'était nullement éloignée, malgré son âge avancé, de se marier avec l'un de ces deux messieurs, mais comme nous l'avons déjà dit, elle ne savait si elle devait préférer sir Barnabas ou sir Habacuc.

Le choix entre les deux lui paraissait si difficile, que, pour ne pas être exposée à s'adresser plus tard des reproches, elle les eût volontiers épousés l'un et l'autre à la fois. Mais ceci n'étant pas possible, elle consultait ses cartes afin d'apprendre pour lequel des deux elle devait enfin se décider. Le valet de cœur représentait l'esquire, le roi de pique le baronnet; mais par malheur les cartes sortaient toujours de façon à ce que le fléau de la balance oscillât entre les deux, sans se pencher plus du côté de l'un que du côté de l'autre.

Elle était précisément occupée à se tirer de nouveau les cartes, lorsque son valet de chambre Belmont entra, pour annoncer l'arrivée des deux prétendants.

— Faites entrer, dit milady en cachant vivement son oracle.

—Milady, commença le baronnet, vous ne soupçonnez pas ce qui nous amène à une heure si matinale, si indue, auprès de votre gracieuse personne...

— Vous désirez probablement déjeuner avec moi?

— Nous parlerons de cela plus tard, ajouta l'esquire. Le but de notre visite est d'une tout autre nature. Il est impossible, milady, que vous ne vous soyez pas aperçue que, depuis trois ans, nous sommes les admirateurs les plus sincères de votre esprit, de votre beauté et de vos vertus; que nous nous sommes toujours efforcés de vous offrir les plus chaleureux hommages...

— Hommages, dont votre très-humble servante est fière à juste titre...

— Maintenant, milady adorée, fit sir Habacuc, le moment est venu...

— Où, ajouta sir Barnabas, animés l'un et l'autre du même désir...

— Nous sommes résolus à demander votre main, et à vous prier...

— De choisir entre nous celui qui sera assez heureux...

— Pour devenir l'époux de la perle des femmes de l'Angleterre...

— Gentlemen, répondit la vieille folle,

en tendant sa main droite à l'un et à l'autre sa main gauche, et en laissant rouler une larme de chacun de ses yeux, vous possédez tous deux les qualités les plus brillantes, vous avez tous deux les mêmes droits à ma tendresse, et vous concevez dès lors combien il doit m'être difficile de décider auquel de vous je donnerai mon amour tout entier...

Les deux hypocrites poussèrent un gros soupir.

— Gentlemen, poursuivit milady, je comprends la douleur qui vous agite, et je suis inconsolable d'être obligée malgré moi de faire le malheur de l'un de vous...

— Quel est celui qui doit se livrer au désespoir? demanda le baronnet, en prenant la mine d'un condamné.

— Moi-même je n'ose pas trancher cette question; cependant je vous proposerai un compromis. Vous savez, honorables gentlemen, que j'aime la musique par-dessus tout. Eh bien, que cet art, le plus beau, le plus charmant, le plus sublime de tous, décide quel sera celui de vous qui devra me posséder un jour...

— Nous prions milady...

—De s'expliquer plus clairement, ajouta l'autre.

—Gentlemen, écoutez; voici ma résolution ferme, irrévocable. Celui-là deviendra mon époux, qui le premier aura appris l'art du chant et de la composition...

— Milady, songez...

— Que pour nous la musique est du grec, de l'algèbre...

— Que ni l'un ni l'autre nous n'en savons une note, réclama l'esquire. .

— Gentlemen, pensez à l'*Élève de l'amour*, pensez à *Sargines*. L'amour est le dieu des miracles...

— Mais nous, milady...

— Nous sommes un peu plus vieux que Sargines et...

— Et nous n'avons pas la moindre disposition pour la musique, appuya le baronnet.

— L'amour nous inspire, l'amour nous rend capables de tout! s'écria lady Esther.

— Vous soumettez le nôtre à une trop rude épreuve! dirent-ils tous deux.

— Le tendre Sargines en sortira triom-
phant...

— J'ai peine à le croire, répondit sir
Barnabas, car comment des hommes de
notre âge pourraient-ils apprendre un art
aussi difficile que celui du chant et de la
composition ?..

— Gentlemen, je vous le répète ; je
n'accorderai ma main qu'à un compositeur.
Telle est ma volonté immuable. L'amour,
je vous le dis encore une fois, est le meilleur précepteur, l'amour rend possible
l'impossible même. Si vous m'aimez réellement, prenez au plus tôt des leçons de
musique, car vous n'avez pas de temps à
perdre. Le premier de vous qui viendra
déposer à mes pieds une de ses composi-
tions, obtiendra ma main pour prix de ses
efforts, *car tel est notre bon plaisir.* Et
maintenant plus un mot là-dessus !.. Voulez-vous me faire l'honneur d'accepter à
déjeuner?

—L'amour nous rend capables de tout,
même de déjeuner! fit le baronnet en pa-
rodiant lady Esther.

— La faim et l'amour régissent le

monde, a dit le Shakespeare de l'Allemagne!
et je le répète avec lui, articula l'esquire.

Lady Monmouth sonna. Aussitôt parut
Belmont qui reçut l'ordre de servir un déjeuner à la fourchette dans la salle à manger.

Un philosophe allemand — Franz Horn
— dit de l'amour que — *c'est une puissante
inclination pour la viande.* — Si cette
définition est juste, nos deux gentlemen
étaient en effet très-amoureux, car, lorsque le déjeuner fut servi, ils ressentirent
plus que jamais — *une puissante inclination pour la viande.*

L'appétit de ces deux messieurs était
insatiable.

X

Dans la même matinée Rossini déjeu-
nait chez la signora Colbrand. Celle-ci avait
enjoint à ses gens de dire à tout le monde,
même à Barbaja dans le cas où il viendrait,
qu'elle était sortie en équipage. Angélique,

à ce qu'il paraît, voulait rester seule avec Rossini et ne pas courir le risque d'être dérangée. Pourquoi? Apparemment pour goûter en tête-à-tête la nouvelle salade aux truffes.

La truffe, bénévole lecteur, est un mot rempli de tant d'appas pour celui qui écrit ces lignes, qu'il laisse tomber le fil de son récit pour s'arrêter un moment sur ce vocable. La truffe que Brillat-Savarin, le Montesquieu des gastronomes, appelle le diamant de la cuisine, est, d'après la terminologie de Rossini, le Mozart des champignons. Son *Don Juan,* disait-il un jour au comte Gallenberg, est une musique, que je ne saurais comparer à rien de plus beau qu'à la truffe. Elles ont toutes deux cela de commun, que plus on s'en régale, plus elles offrent d'attrait. — Giambattista Bassani, compositeur qui n'était pas sans mérite, poussa la dévotion jusqu'à dédier en 1798 son *Opus* 18 — trois messes à quatre et cinq voix —au portrait de Marie peint par saint Luc, à Bologne. Maître Joachim, qui préférait une truffe à tout Bologne et à tous ses tableaux de saints, voulait dédier la partition de son *Barbier de Séville* à la ville de Périgueux, qui s'est acquis une réputation européenne par ses truffes délicieuses. Mais l'éditeur de cet opéra, Ricordi de Milan s'y opposa formellement. Rossini était un gourmand et tout à fait l'opposé du célèbre compositeur Francesco Alghisi (1), qui mourut en odeur de sainteté et fut vénéré dans toute l'Italie sous le nom de santo Alghisi, parce qu'il avait mené la vie la plus ascétique et ne s'était nourri que de racines et de plantes. Sacchini composait le plus facilement, alors qu'il se trouvait au milieu de ses chats : rien n'inspirait plus vite notre héros que la compagnie d'une volaille truffée dressée avec art ou l'aspect d'un pâté aux truffes bien réussi. Il lui était impossible de vivre sans truffes.

— Eh bien, ma chère, demanda Rossini, comment trouvez-vous cette nouvelle salade?

— Elle est piquante, comme tout ce que vous créez !

(1) Né en 1666, mort en 1743 à Brescia.

— C'est trop de politesse !

— Mais combien de fois me faudra-t-il vous rappeler votre promesse? Vous vouliez me raconter vos aventures à Rome. Là aussi, disiez-vous, vous avez fait des conquêtes...

— Plus que je ne le désirais, interrompit le maestro avec fatuité, et il lui tendit un morceau de truffe à la pointe de sa fourchette.

— Autrefois cependant votre habitude était de ne dédaigner aucune conquête ! répliqua-t-elle en portant la fourchette à sa bouche.

— Comment aurais-je pu songer à d'autres, lorsque toutes mes pensées étaient pleines de votre image, qu'elles n'avaient que vous pour objet? dit Joachim en prenant l'air insinuant d'un Faublas, saisissant sa main et la pressant sur ses lèvres ivres d'amour.

— C'est à moi que vous songiez? demanda la Colbrand d'un air un peu piqué? Me croyez-vous donc assez niaise pour espérer me convaincre que vous pensiez à moi de préférence à toute autre? Je suis trop vieille pour vous, ajouta la coquette en dégageant sa main ; un homme de votre âge s'éprend plutôt de la jeunesse.

— Je ne suis épris que de toi, Angélique, murmura le maestro du ton le plus langoureux ; de toi seule, fleur des anges ! répéta-t-il en l'enlaçant de ses deux bras.

— Lâchez-moi, méchant hypocrite, malappris que vous êtes !

— Angélique, jamais tu ne fus plus jolie, jamais tu ne fus plus ravissante qu'à présent, dit le Cygne, et il imprima un brûlant baiser sur le cou blanc comme la neige de sa Léda.

— Ah çà ! mais qu'est-ce qui vous donne donc le droit de me tutoyer ?

— Le feu qui roule dans mes veines, le brasier qui me dévore le cerveau, l'amour, Angélique, l'amour !

— Vous extravaguez, maestro. Revenez à vous, sinon j'appelle Francilla.

— Francilla ? fit Rossini d'un air étonné.

— Tiens ! on dirait en vérité que ce nom et la petite personne à laquelle il appartient vous sont complétement indifférents. Et néanmoins je sais d'une très-bonne source que vous aimez cette simple et sensible jeune fille.

— Que j'aime Francilla?..

— Et que la pauvre enfant sans expérience est assez sotte pour vous payer de retour.

— Francilla m'aime, dites-vous?

— Hélas! plaignez cette malheureuse créature!

— Oui, Angélique, je plains sincèrement la pauvre orpheline, parce que mon cœur me dit qu'il éprouve pour elle une tendre pitié, mais pas le moindre sentiment d'amour...

— Vous jouez parfaitement votre rôle...

— Je ne sais quel motif me forcerait à dissimuler. Si j'aimais Francilla, qui pourrait m'en empêcher? Si je l'aimais, j'aurais aussi le courage de l'avouer à vous et à tout le monde...

— Même à son fiancé, l'infortuné Elleboro, que l'on trompe?

— À lui tout le premier! Mais mon cœur, je vous le jure, ne sait pas un mot de ce dont vous l'accusez.

— Et vous auriez également le courage

de répéter, en présence de Francilla, ce que vous venez de me dire !

— Je le dois pour elle et pour moi. Francilla est une petite sotte si elle m'aime ; une folle, une vaniteuse, si elle croit que je puisse l'aimer.

La signora Colbrand se leva lentement de son siége, s'approcha d'un air grave de son lit à baldaquin et écarta les rideaux de soie verte qui le masquaient.

— Tu l'as entendu ? demanda-t-elle avec une froideur écrasante à la pauvre fille, qui, sur son ordre, s'était tenue silencieusement cachée derrière les rideaux.

— Oh ! mon Dieu ! s'écria Francilla.

Puis, recouvrant de ses deux mains son visage livide et agité de mouvements convulsifs, elle tomba défaillante sur les coussins du lit.

— Tu étais ici, ma pauvre enfant ! exclama Rossini saisi d'épouvante.

Mais Francilla n'entendait plus rien, car déjà elle avait entièrement perdu connaissance.

— Signora, continua-t-il en s'adressant à la Colbrand, vous avez risqué là un jeu

bien téméraire, bien audacieux. Vous
brisez ce cœur malade... vous tuez cette
innocente créature...

— Je n'ai fait qu'arracher le bandeau
qu'elle avait sur les yeux ; je lui ai montré
l'abîme que cachait la douce croyance à
laquelle elle se livrait. C'était mon devoir,
autant pour elle que pour le pauvre diable
qui aime cette infidèle plus que lui-même.

— Torquato a un cœur noble et bon...
il pardonnera, j'en suis sûr, à sa bien-
aimée...

— Et Francilla ?

— Elle triomphera du coupable penchant qu'elle a secrètement nourri au fond
de son âme, et la tendresse d'Elleboro lui
fera surmonter la douleur provoquée par
ses amères illusions... Mais je cours chercher le médecin, car l'état de Francilla m'in-
quiète. Le pouls disparaît... le sang ne
circule plus... la vie semble s'éteindre...
elle est froide comme la glace et la sueur
de la mort perle sur son front...

— Hâtez-vous, hâtez-vous ! s'écria la
Colbrand qui, à la vue de ce lis brisé tout
à coup, oublia les blessures de son orgueil

et de sa vanité. Poussée par la pitié et le repentir, elle se précipita vers la malade, pour couvrir de baisers et de larmes le front, la bouche, les yeux de Francilla, et réchauffer ses membres glacés et roidis.

Sur ces entrefaites, le maestro s'était éloigné rapidement, et bientôt il était revenu avec le médecin du théâtre, qui demeurait dans la maison voisine.

Le docteur Angelo Scappi, l'un des médecins les plus distingués de Naples, était un homme sans cœur et complétement ossifié, qui avait déjà vu périr tant de gens, que le plus grand danger ne pouvait ébranler sa quiétude. La mort effrayait si peu ce railleur impitoyable, que souvent, dans un moment de péril extrême, il ne pouvait se défendre de lancer une saillie qui lui venait sur la langue.

— Eh bien, qu'y a-t-il? demanda l'esculape, en ôtant ses lunettes et en fermant les yeux, comme s'il allait s'endormir.

— Secourez-nous, docteur! s'écria la prima donna; cette pauvre enfant est évanouie...

—Laissez-la tranquille, répliqua Scappi ; et tirant un foulard de sa poche il se mit à essuyer paisiblement les verres de ses lunettes.

— Mais, docteur, elle se meurt ! exclama le maestro.

— Cygne de Pesaro, on ne meurt pas aussi vite, fit le nouvel Hippocrate. Puis il remit ses lunettes, s'approcha lentement du lit, consulta pendant quelques minutes le pouls de la malade, observa les traits de son visage et n'articula pas une syllabe.

— Eh bien, docteur? demanda la Colbrand.

— La petite mourra ; mais, ajouta-t-il après une courte pause, ce ne sera ni aujourd'hui ni demain. Jusqu'ici sa situation n'a rien de grave, cependant elle a besoin d'un grand repos.

— Et la maladie?

— C'est une petite affection sans importance que le Latin appelle *Typhus*, le Français *Fièvre adynamique*, l'Anglais *Nervous fever* et l'Allemand *Nervenfeber*, maladie dont personne n'a mieux pénétré la nature énigmatique que l'Anglais John

Hurham. Son célèbre ouvrage; *Essay on fevers and diseases*, London 1790, est le meilleur qui ait été écrit sur la matière. Si quelqu'un de vous désire le lire, ma bibliothèque renferme, outre l'original anglais, une traduction en allemand et quatre autres en français par Eidous, Mariner, Gaulin et Roux. Ces livres sont à votre service.

— Docteur, vous êtes un homme terrible! votre cœur est de marbre.

— Le vôtre est de beurre, signora. Prenez garde qu'il ne fonde, ajouta-t-il en ricanant et en jetant un regard oblique des plus expressifs sur Rossini. Quant à la petite, qu'on la transporte sur-le-champ dans une chambre silencieuse et obscure. Je reviendrai vers le soir.

Elleboro fut inconsolable lorsque son maitre lui apprit que Francilla était tout à coup tombée dangereusement malade. Par égard pour la Colbrand, Rossini avait caché au pauvre garçon les circonstances qui avaient précédé cet événement. Torquato courut auprès de Francilla et la trouva en proie à un violent délire.

Quand Scappi revint le soir, il interrogea le pouls de la malade, prescrivit quelques remèdes et dit à la Colbrand :

— Cette petite me fait de la peine.

— Est-ce qu'il y a quelque danger à craindre?

— Elle surmontera la fièvre nerveuse; mais elle souffre d'un autre mal, qui, me paraît-il, est incurable. Elle est attaquée d'une fièvre que vulgairement on appelle l'amour.

— Votre clairvoyance ne vous a point trompé. Francilla aime en effet; mais devinez-vous qui?

—Le même don Juan que vous aimez.

— Cette fois, *illustrissimo*, vous commettez la plus grossière erreur...

— Ne vous donnez pas la peine de nier ce que j'ai déjà reconnu depuis longtemps. Votre cœur, signora, est devant moi comme un livre ouvert. A la première page et à la troisième ligne en commençant par en bas, on voit imprimé le nom du scélérat qui y a pris racine; c'est un joli petit polype, qui, à la manière des cancers, s'élargit de plus en plus et ne peut plus être extirpé. Cette excroissance s'appelle Rossini...

— Docteur, fermez vite le livre, je vous en supplie, et ne confiez à qui que ce soit un seul mot de ce que vous y avez lu.

— Le médecin consciencieux ne révèle jamais la maladie de son patient, répliqua le docteur. Et cela dit, il s'en alla.

Scappi était effectivement un aussi habile connaisseur en fait d'hommes qu'en fait de livres. Personne n'avait observé avec autant d'exactitude que lui la nature et l'essence de l'amour, ses symptômes et ses phases. De là vint que son regard plongeait au fond des cœurs, et qu'il devinait, pour ainsi dire, à première vue, jusqu'à quel point on était amoureux. Scappi possédait tous les livres qui avaient été publiés sur l'amour, considéré au point de vue de la psychologie et de la médecine, et lui-même travaillait depuis plus de vingt ans à un ouvrage, intitulé. *Anatomie de l'amour*, lequel ne devait être édité qu'après sa mort.

Grégoire Horstius fut le premier médecin qui écrivit sur la physiologie de l'amour;

plus tard il fut suivi par Jacques Ferrand, Lamand, Fasch, D.-C. Friedrich, F.-J. Horstius, Vetter, Doppet, Bienville, Duprast Rony et quelques autres. Scappi, qui avait mis tous ces travaux à contribution, voulait laisser après lui un ouvrage qui éclipserait tous ceux de ses prédécesseurs.

XI

Pendant la maladie de Francilla, l'*Otello* de Rossini fut représenté pour la première fois au théâtre del Fondo. Le compositeur avait primitivement écrit le rôle principal pour Garcia ; mais cet artiste s'étant tout à coup enfui à Milan, sa partie fut confiée à maître Elleboro qui, sous le pseudonyme de Nozzari, devait faire son premier début dans cet opéra, en qualité de ténor. L'annonce qu'un ancien lazzarone chanterait le personnage d'Otello dans ce nouvel ouvrage s'était répandue comme une trainée de poudre dans tous les quartiers de Naples, et avait mis en émoi les

ci-devant camarades d'Elleboro. Tout lazzarone qui ce jour-là avait eu la chance de
ramasser assez d'aumônes pour payer une
place à la dernière galerie, courut au
théâtre afin de porter son tribut d'hommages à son ex-collègue. Jamais la salle de San
Carlo ne s'était vue envahie par un tel dé-
luge de mendiants. Depuis midi ils avaient
assiégé toutes les entrées du théâtre, et
pour obtenir une bonne place, ils s'étaient
battus aussi vaillamment que Léonidas et
ses soldats aux Thermopyles.

— Connais-tu notre ancien confrère?
demanda un lazzarone à un autre.

—Si je le connais ! Pendant deux années
nous avons dormi toutes les nuits sur le
seuil de la même église et partagé entre
nous notre dernier morceau de pain.

— Elleboro est, dit-on, le bâtard d'un
prince français; articula un troisième.

— Calomnie, abominable calomnie ! s'é-
cria un quatrième, qui, plus âgé que les
autres, était le Capo Lazzaro ou le chef de
cette troupe de mendiants. J'ai connu les
parents du jeune gars aussi bien que je
connais les poches trouées de mon caleçon

des dimanches. Le père d'Elleboro était un vrai lazzarone pur-sang. Il se nommait Tito Manlio; mais nous autres, nous l'appelions *Scaramuccio*, parce qu'il savait faire les grimaces et débiter les lazzis les plus drôles, ce qui souvent excitait parmi nous un rire interminable. Le gaillard avait une langue d'une longueur démesurée et tellement élastique qu'elle atteignait la pointe de son nez et le bout de ses oreilles. En outre, il imitait le chant de tous les oiseaux; il hennissait comme un cheval, aboyait comme un chien, miaulait comme un chat et geignait comme un enfant au maillot. Ce diable à quatre n'avait qu'un seul défaut : il ne pouvait sentir un fromage parmesan, sans se précipiter dessus et le dévorer. Un soir qu'il avait gagné plus que de coutume, il acheta deux livres de fromage et les avala : le lendemain matin il était mort...

— Et la mère d'Elleboro? demanda un cinquième.

— Elle se nommait Fiametta et passait dans sa jeunesse pour une des plus jolies marchandes de melons de tout Naples

Plus tard, quand elle fut mariée, elle n'était pas mal non plus, ajouta le Capo Lazzaro, et il fredonna le commencement d'une barcarolle.

— Est-il vrai, ajouta un sixième, que notre frère Elleboro, depuis que son maestro en a fait un chanteur, est devenu fier et arrogant?

— Calomnie, affreuse calomnie! répliqua le chef des mendiants. Hier, je l'ai rencontré au moment où il sortait du théâtre. Il est venu à moi en courant, m'a serré la main et m'a dit : *Buon giorno, capitano!* Es-tu libre? me demanda-t-il ensuite. — Oui, lui répondis-je. — En ce cas, viens dîner avec moi, reprit-il, et il m'emmena dans un restaurant, où l'on nous servit des huîtres et autres friandises, ainsi qu'une bouteille de lacryma-Christi. Bien plus encore. Avant de me quitter, il me prit à l'écart et me glissa ces mots à l'oreille: As-tu besoin d'argent? Vous pensez bien, mes enfants, que je ne lui ai pas dit non. Alors il fouilla dans sa poche et en tira quelque chose qu'il me mit secrètement dans la main. Je l'ouvris et qu'est-ce qui frappa mes yeux? Un brillant ducat !

— *Evvirà, evvirà!* s'écrièrent les mendiants tout transportés d'orgueil et de joie de ce que maître Elleboro, leur ancien compagnon, avait montré tant de déférence et de générosité envers le chef de la grande confrérie à laquelle il avait appartenu auparavant.

Jamais débutant ne fut reçu avec de plus grandes acclamations et salué de plus chaleureux applaudissements que maître Elleboro !

Il chanta d'une façon merveilleuse ; son succès fut immense et non-seulement la bande des lazzaroni, mais le public tout entier, électrisé par la beauté de sa voix, le rappela presque après chaque scène. Il s'ensuivit que le soir même Elleboro-Nozzari fut engagé pour cinq ans comme premier ténor par Barbaja, à raison de quatre mille scudi d'appointements par année.

Mais ce n'était pas Otello seul qui ce soir-là avait fait fureur dans la plus sévère acception du mot ; Desdemona-Colbrand et

Rodrigo-David avaient partagé cet éclatant triomphe.

L'opéra tout entier, depuis la première mesure de l'ouverture jusqu'à la dernière note du dernier finale, fut accueilli avec un enthousiasme vraiment fanatique. Toute la partition est effectivement un chef-d'œuvre du style le plus pompeux, un Vésuve plein de mélodies brûlantes et de rhythmes incendiaires. Dès le chœur d'introduction — *Viva Otello* — on eût dit que le tonnerre tombait dans un magasin de poudre. Le premier air d'Otello — *Ah! si per voi già sento* — jeta les auditeurs, et surtout les camarades exaltés d'Elleboro, dans un délire anacréontique. Un hourra universel ébranla l'édifice. Tout ce qui avait des mains, raconte un journal, applaudissait avec frénésie. A la dernière galerie, deux lazzaroni, manchots l'un et l'autre, formaient un groupe des plus étranges. L'un n'avait que son bras droit, l'autre que son bras gauche; ils réunirent leurs mains et applaudirent pour deux. — Le duo entre Jago et Rodrigo — *Nò non temer* — et le chœur — *Santo imen, te guidi amore*

— ne produisirent pas moins d'effet. Le dernier de ces deux morceaux est le mélange le plus heureux de la mélodie italienne et de l'harmonie allemande, et le finale qui suit — *Nel cuor d'un padre amante* — est assurément ce que l'Orphée de Pesaro a écrit de plus grandiose dans le genre de *l'opera seria*. Les passages les plus brillants du second acte sont l'air de Rodrigo — *Che ascolto? Ohimè ! Che dici?* — un morceau plein de feu et de passion; et le duo entre Otello et Jago — *Non m'inganno, al mio rivale*—un volcan vomissant la rage et la vengeance. Le troisième acte commence par la scène où, à une heure avancée de la nuit, Desdemona, saisie de terribles pressentiments, apprend à son amie la nouvelle de l'exil de son époux, que le conseil des Dix vient de bannir des pays vénitiens. On entend un gondolier qui, en passant sur la lagune, chante ces beaux vers de Dante: — *Nessun maggior dolore, che ricordarsi del tempo felice nella miseria* (1). Qui chante

(1) Il n'est pas de plus grande douleur que de se souvenir des temps heureux au sein de la misère.

ainsi? demande Desdemona et elle court à la fenêtre. — *E' il gondoliere*, répond la confidente, *che cantando inganna il cammin sulla placida laguna, pensando ai figli, mentre il ciel s'imbruna* (1). Ce petit récitatif magistralement instrumenté est d'un effet prodigieux. Encore plus belle et plus touchante est la romance de Desdemona — *Assisa a piè d'un salice* — avec accompagnement de harpe. Cet air, le premier avec lequel sa nourrice l'a bercée autrefois, est aussi le dernier qui sort de sa bouche; c'est le chant du cygne dont les accents respirent la sinistre prévision d'une mort prochaine. Égarée par la douleur et l'effroi, elle oublie l'air de sa nourrice. A ce moment, un coup de vent violent vient briser un carreau de la croisée fermée. Desdemona, pour vaincre le sentiment de crainte qui l'agite, reprend un instant sa romance, mais l'inquiétude et les larmes arrêtent l'essor de sa voix. Son amie se retire. Pendant que les éclats du tonnerre

(1) C'est le gondolier qui en chantant abrége son chemin sur la lagune paisible, et pense à ses enfants, tandis que le ciel se rembrunit.

continuent à faire trembler le palais, Desdemona chante une courte prière — *Deh,
calma, o ciel!* — dont la mélodie produit
une impression profonde. Puis, elle s'étend
sur son lit et alors commence une ritour-
nelle superbe, qui nous prépare à la cata-
strophe suivante. Au fond de la scène, on
aperçoit Otello qui, une lampe à la main,
et son cangiar nu sous le bras, pénètre
dans la chambre en descendant l'escalier
étroit d'une tourelle. Cet escalier, qui se
déploie en tournant, fait que la figure
frappante d'Otello, éclairée par sa lampe,
au milieu de cette vaste obscurité disparait
plusieurs fois pour reparaitre ensuite ,
suivant les détours du petit escalier qu'il
est obligé de suivre ; la lame du cangiar
nu que l'on voit briller à la lueur de la
lampe, apprend tout au spectateur et le
glace d'épouvante. Otello arrive enfin sur
le devant de la scène ; il vient pour venger
sa honte. Il s'approche du lit ; il entend
Desdemona s'écrier pendant son sommeil
— *Amato bene!* — Il hésite un moment
et la réveille ensuite. Alors vient le duo,
dans lequel Otello qui a tué Desdemona,

frémit à l'idée du crime qu'il vient de com-
mettre, et dont la fin surtout est éminem-
ment tragique. Le morceau final où son
désespoir arrive à son comble par suite de
l'heureuse nouvelle qui lui est annoncée,
est malheureusement trop court et trop
précipité; c'est la partie la plus faible de
tout l'opéra.

La Colbrand et Nozzari furent rappelés à
grands cris par la salle entière (1).

Rossini, qui avait réclamé cinq cents
ducats pour son opéra, ne fut pas peu surpris, lorsque, le lendemain de la première
représentation, le secrétaire de Barbaja lui
remit une lettre renfermant un mandat
pour le double de cette somme. Il courut
chez la Colbrand lui raconter ce trait de
générosité.

— Le signor Barbaja, dit la prima
donna, n'a pas agi ainsi de son propre
mouvement. Il s'est conformé à ma volonté.

(1) Madame Malibran est la plus magnifique Desdemona
que nous ayons entendue. Nous mentionnerons ici,
comme chose curieuse, qu'après avoir chanté à Paris le
rôle de Desdemona, elle y joua une fois aussi celui d'O-
thello.

— Que dois-je faire pour vous prouver ma gratitude ?

— Ce que vous devez faire ? Commencez enfin à économiser aussi.

— Ah ! mon Dieu et pour qui donc ?

— Pour une personne qui vous est affectueusement dévouée...

— Pour vous ? demanda le maestro en s'enflammant de suite.

— Signor, y pensez-vous ? Je n'aime pas ces hommes qui, semblables à des papillons, voltigent de fleur en fleur et y sucent le miel de leur calice. Je tiens à la constance.

— Mon amour pour vous, Angélique, durera éternellement ; jamais il ne se refroidira, aussi vrai que je m'appelle Joachim !

— Eh bien, si vous m'aimez en effet, rendez-moi un tout petit service...

— Commandez !

— Quittez-nous le plus vite possible, Allez à Milan, allez à Venise... allez où vous voudrez ; seulement ne restez pas à Naples.

— Et pourquoi cela ?

— Pour deux raisons. Barbaja a le nez
fin et depuis quelque temps il a conçu de
violents soupçons. Je crains que le docteur
Scappi, ce vieux bavard, ne lui ait décou-
vert le secret de mon cœur, et ne lui ait
révélé que le signor Rossini ne m'est pas
aussi indifférent que le monde le pourrait croire sur les apparences. Pour apaiser
sa jalousie, il est prudent et sage que vous
me quittiez pendant quelque temps...

— Et la seconde raison ?

— A franchement parler, elle est encore
plus importante que la première. La guéri-
son de Francilla fait de jour en jour des
progrès plus rapides; sous peu, d'après l'avis
du docteur, elle pourra quitter le lit. J'é-
prouve pour la pauvre enfant plus d'amitié
que je ne le croyais. Rossini, votre vue rou-
vrira de nouveau sa blessure à peine cica-
trisée; et je serais désolée de voir souffrir la petite, sans être en état de lui venir
en aide. Il faut que Francilla s'habitue à
vous oublier. En ne vous voyant pas, elle
ne songera plus à vous ! Voilà pourquoi je
désire que vous partiez de Naples le plus
tôt possible...

— Angélique, votre désir est un ordre pour moi. L'impresario du théâtre Valle me demande à cor et à cri un nouvel opéra; dans trois jours je partirai pour Rome, mais seulement à une condition...

— Laquelle?

— C'est que vous remplirez enfin votre promesse, et qu'avant mon départ, demain ou après-demain, vous viendrez me visiter dans mon nouveau logement, où nous pourrons une bonne fois causer cordialement ensemble et tout à fait *con amore*. Ici, dans votre maison, c'est chose impossible, car Zerline et tous vos domestiques sont les espions de Barbaja, chargés par lui d'écouter aux murailles et de regarder par les trous des serrures, pour surprendre chacune de nos paroles, chacun de nos gestes. Ici, nous devons craindre à tout instant que le diable ne nous joue un tour de sa façon, et qu'au moment où nous voulons être seuls, il ne nous jette sur les bras notre ami commun Barbaja. Nous sommes à présent en carnaval. Vous vous couvrirez du premier déguisement venu et vous arriverez incognito dans ma demeure, où nous pourrons faire ce qui nous plaira, sans risquer d'être troublés et gênés le moins du monde. Nous déjeûnerons... vous goûterez encore une fois ma salade aux truffes et... le reste...

— Et le reste? répéta la chanteuse d'un ton de ravissante coquetterie...

— Viendra tout seul...

— Croyez-vous? demanda la Colbrand avec un fin clignement d'yeux.

— Signora, je parie...

— Quoi donc?

— Que nous nous amuserons beaucoup...

— Eh bien, pour vous montrer que je sais apprécier votre salade aux truffes, je veux bien consentir à aller vous rendre ma première visite, à l'abri d'un masque, demain entre onze heures et midi.

— Mais qu'est-ce qui me garantit que je ne vous attendrai pas en vain, comme dernièrement?

— Prenez ce médaillon pour gage. Si je ne viens pas, il est à vous, dit la Colbrand; et elle lui tendit son portrait en miniature entouré de brillants.

Rossini le pressa contre ses lèvres.

— Désormais il reposera sur mon cœur.
Et demain à pareille heure...

— Diane ira trouver son Endymion.

— Dieux de l'Olympe ! vous êtes témoins
de cette promesse ! s'écria le maestro. Puis
il saisit sa main et la couvrit d'ardents baisers. Un sourire ironique vint errer sur
les lèvres de la cantatrice.

— Encore une seule question ? dit-elle.

— Que désire ma belle Angélique ?

— Elle désire savoir si vous avez aussi
mangé de la salade aux truffes aujourd'hui ?

— Méchante railleuse ! s'écria Rossini
et il s'éloigna.

XII

C'est une charmante invention que le
carnaval. De toutes les fêtes de la chré-
tienté, nulle ne sait joindre l'agréable à
l'utile au même degré que cette aimable
époque des jours gras. Rome, Venise et
Naples ne sont jamais plus heureuses
qu'au temps où elles jouissent de la liberté

du masque, car l'Italien ne connait que de nom les autres libertés. Il se peut que le carnaval romain et le vénitien soient plus splendides et plus riches de formes, mais celui de Naples est dix fois plus gai, plus folâtre et plus amusant. Dans une seule journée, la *ville très-fidèle* est témoin de plus d'aventures galantes, d'orgies et de saturnales, que Rome et Venise pendant toute la durée de cette fête. Les femmes de Naples sont passablement vertueuses tout le long de l'année ; ce n'est que dans le carnaval qu'elles abandonnent le sentier de la fidélité conjugale, pour se lancer sur le chemin de la perversion, dans le labyrinthe de l'amour illégitime. L'occasion fait le larron, dit le proverbe, et le plus hardi, le plus entreprenant des pourvoyeurs d'occasions, le plus grand de tous les entremetteurs italiens, c'est Son Altesse Royale le prince Carnaval.

Jetons un coup d'œil sur la rue de Tolède. Elle grouille de masques, qui s'y pressent les uns contre les autres, comme des fourmis ; qui tous ne sont animés que d'un seul et même désir ; qui tous ne recherchent que de petites ou de grandes aventures amoureuses. Ici, un avocat déguisé en arlequin enlève la volage épouse de son vieux collègue, travestie en Colombine ; là, un jeune jésuite, sous le costume d'un ancien capitano, poursuit une vieille chauve-souris, dont la laide enveloppe cache, il le sait, un joli noyau, une gracieuse nonnette. Plus loin, un masque d'homme en toilette de femme agace un masque de femme en habit d'homme. Un polichinelle ouvrant son parapluie court mettre un jeune agneau à couvert dans un restaurant, où celui-ci se fait régaler d'huîtres, de vin de Champagne, et prier bien longtemps avant d'ôter son petit masque. Alors seulement, et à sa grande confusion, le polichinelle s'aperçoit que le jeune agneau est une vieille brebis, qu'il a défrayée en pure perte. Toutes ces plaisanteries, agréables ou fâcheuses, se croisent ici de la façon la plus burlesque, et celui-là même qui est trompé se voit contraint de faire bonne mine à mauvais jeu et de rire avec les autres bon gré mal gré.

Dirigeons-nous maintenant vers la rue

où demeure notre héros. Dans sa chambre
nous voyons une table recouverte des friandises les plus délicates, du vin de Champagne le plus fin; elle est placée devant
un sofa très-large et on ne peut plus
commode. Rossini, qui attend la signora
Colbrand avec l'impatience la plus vive,
jette dix fois dans un quart d'heure un
regard sur sa pendule, et puis dans la rue
pour voir si l'objet tant désiré ne paraît
pas. Il est déjà onze heures et demie, et
Angélique n'est pas encore arrivée.

— Si elle me plante là comme la dernière fois, si je me suis mis en frais inutilement, si je me suis bercé d'un vain espoir,
se dit l'ami Joachim, eh bien, je sais ce
que j'ai à faire. Je cours à la rue de Tolède,
je me lance au milieu des flots de masques,
et j'entraine chez moi le premier qui me
tombe sous la main, car cette salade aux
truffes ne doit pas être perdue. Certes je
préférerais Angélique à toute autre, vu
que sa coquetterie a un je ne sais quoi
qui... Entrez! cria le maestro, qui venait
d'entendre frapper timidement à sa porte.

Au même instant entra un domino.

—Soyez la bienvenue, ravissante Diane! exclama Rossini.

— Bonjour, répondit le masque en renversant son capuchon.

— C'est toi?

— Oui, c'est moi, dit David,

— Démon, qu'est-ce qui t'amène ici?

— L'appétit et l'envie de déjeuner chez toi...

— Une autre fois, pas aujourd'hui...

— La table est mise... tu attends...

— Un convive, qui peut venir à tout moment... aussi tu comprendras...

— Qu'il est très-peu galant de refuser un déjeuner au meilleur de ses amis. Mais mon cher, tu te trompes si tu t'imagines que je me laisserai éconduire. J'ai faim et je ne quitte pas la place...

— Voilà la porte!

— Et voici la table! Permets-moi de m'asseoir, car je suis sur mes jambes depuis la pointe du jour, et fatigué comme un lévrier aux abois. Ah! mon Dieu! qu'est-ce que je vois?... Une salade aux truffes...

— Malheur à toi, si tu y touches!

— Est-ce qu'elle est empoisonnée? demanda David en s'apprêtant à y porter la main.

— David, s'écria notre ami en lui saisissant le bras, je t'en supplie, ne me mets pas en colère... je ne sais pas de quoi je serais capable.

— C'est bon, je m'en irai sans rien manger, si tu me dis qui tu attends...

— J'attends une jeune dame...

— Son nom?

— Je ne le connais pas moi-même...

— Quand je suis entré, tu as articulé un prénom qui ne m'a pas échappé. Elle s'appelle Diane...

— Eh bien oui, elle s'appelle ainsi...

— Et elle est mariée...

— Avec un vieil aliboron qui, si elle m'a dit la vérité, est avocat et docteur en droit...

— Docteur en droit?... ah! maintenant je la connais...

— Tu la connais?

— Elle ne demeure pas loin de la Scala et s'appelle Mori.

— Mori !... c'est ça !

—Comment?... ne disais-tu pas que tu
ignorais son nom?

— Elle ne me l'a pas dit... je suppose
seulement qu'elle s'appelle Mori...

— Et pourquoi?

— Parce qu'elle a laissé tomber un mou-
choir dans un coin duquel étaient brodés
un D et un M.

— Oh! alors c'est elle assurément. Tu le
vois, je sais tout.

— Oui, tout... tout... A présent, va-
t'en...

— Je m'en vais, mais à une condition...

— Voyons!

— J'ai besoin d'argent! Prête-moi vingt
ducats jusqu'au 1ᵉʳ avril...

— En voilà dix, dit le maestro, en tirant sa bourse.

— Dix... mais cela ne fait pas vingt.

— Allons... en voilà vingt... mais de
grâce...

— Encore une question... la dame que
tu attends, est-elle brune?

— Brune, tout-à-fait brune...

— En ce cas, je me suis trompé, car la
femme du docteur Mori est blonde.

— Non, tu ne t'es pas trompé... la dame
que j'attends à toute minute est extrêmement blonde...

Ah! ah! vois-tu; on ne m'abuse pas si
aisément! dit David en prenant son cha-
peau. Je m'en vais... adieu... adieu!

— Au revoir, mon cher ami... Impudent
coquin, ajouta-t-il lorsque David se fut
retiré. Mes vingt ducats sont à tous les
diables!.. Il ne manquerait plus à présent
que la Colbrand ne vînt pas et que j'eusse
inutilement fait à son intention toutes ces
folles dépenses. Mes belles pièces d'or!
Comme je les regrette! vingt ducats! Tout
bien réfléchi, c'est beaucoup plus que ne
vaut ce rendez-vous!.. Midi sonne et elle
ne vient pas. C'est à devenir fou!

Il se promena furieux de long en large,
regarda dans la rue et vit David entrer
dans le café voisin, où il allait perdre au
billard l'argent qu'il lui avait prêté. Un
moment après, une voiture de place s'arrêta
devant la porte de la maison; une chauve-
souris en descendit.

— C'est elle! dit Rossini; et il courut à
sa rencontre.

Cette fois, il ne s'était pas trompé.

— Vous voyez que je tiens parole!... fit la Colbrand.

— Enfin! enfin! Maintenant ôtez vite votre masque, ajouta le maestro, et il poussa le verrou de la porte de sa chambre.

— Que faites-vous donc?

— Je ne veux pas qu'un visiteur importun vienne nous déranger. Asseyez-vous, mon adorable amie, le déjeuner est prêt... Angélique, ah! si vous saviez avec quelle ardeur je vous ai attendue!

— Je serais venue plus tôt, mais Barbaja, qui était chez moi, m'a retenue jusqu'à présent.

— Mangez, buvez! Vive l'amour, vive la joie! s'écria Endymion en lui versant du vin de Champagne.

— Et quand partez-vous? demanda la chaste Diane.

— Après-demain, demain, aujourd'hui, comme vous voudrez. Mais pour le moment, vite un baiser!

— Pour le moment, mon cher ami, mangeons. .

— Et puis...

— Buvons...

— Et puis...

— Causons...

— De l'amour et de ses plaisirs et...

— De votre nouvel opéra. A propos, avez-vous un libretto ?

— Le signor Feretti, un de mes bons amis de Rome, a écrit pour moi une *Cenerentola*.

— Tiens ! Nicolo Isouard a traité le même sujet...

— Qu'importe ? L'homme qui a osé entrer en lutte avec l'illustre Païsiello, ne doit pas reculer devant la célébrité d'un Français. Le *Barbier* de Païsiello est oublié ; bientôt il en sera de même de la *Cendrillon* de Nicolo. Mais en voilà assez là-dessus ! Mon cœur, ivre d'amour, brûle de vous entretenir de tout autres choses...

— Mon ami, ce perdreau est excellent...

— Votre froideur décuple ma flamme...

— Cette compote délicieuse...

— Angélique, votre invincible apathie me met réellement au désespoir !

— *Carissimo*, si j'avais pu deviner que votre inclination pour moi fût parvenue à un si haut degré de violence, je ne me serais pas risquée probablement à venir dans votre logis...

— Ciel ! est-il possible qu'une femme soit aussi belle et aussi froide en même temps !

— Ah çà ! mon cher, pourquoi ne mangez-vous donc pas ?

— Je suis trop agité. Tenez, Angélique, sentez comme le cœur me bat, dit Rossini en prenant la main de la chanteuse et la posant sur sa poitrine.

— Imagination, signor, pure imagination ! Votre cœur bat aussi paisiblement que le mien...

— Angélique, au nom du dieu d'amour, je vous en conjure, ne me torturez pas plus longtemps ! s'écria le maestro, et il laissa glisser sa main sur un des genoux de la Colbrand.

— Allons, soyez sage, mon ami ; sinon vous me fâcherez...

— Signora ! exclama maître Joachim, et dans l'emportement de sa vanité blessée il saisit un couteau.

— Eh bien ! que voulez-vous donc faire ?

— Cruelle ! vous pouvez le demander ?...
Avec votre permission, je vais me couper
une tranche de ce pâté, répondit notre Endymion en changeant subitement de ton.

— Signor, fit la coquette après une
courte pause, vous paraissez un peu contrarié.

— Imagination, signora, pure imagination ! Le paroxysme est passé... je suis
redevenu froid et calme et je n'éprouve
plus qu'une seule sensation : la faim !...
La la la la la...

— Quelle gaieté ! dit la Colbrand d'un
air piqué.

— Et pourquoi serait-on triste ? La signora se plaît à jouer la prude avec moi...
ma foi, l'on n'est pas un Werther, pour
s'ôter la vie à cause de cela. La la la...

— Je crois que vous boudez...

— Je mange, comme vous le voyez...

— Et puis ?

— Et puis je bois à votre santé, signora,
dit-il ; et il choqua son verre contre le sien,
La la la la...

— Vous aurais-je offensé? demanda la Colbrand en saisissant sa main et le regardant tendrement dans les yeux.

— Pourquoi donc cela?...

— Cette froideur soudaine...

— Est une nouvelle preuve de ma docilité. Vous avez enjoint à votre très-humble serviteur d'être sage; il obéit.

— Joachim !

— A propos, comment trouvez-vous la salade aux truffes?

— Encore plus piquante que dernièrement. C'est un plat capable de faire parler un muet...

— Oui, oui, c'est ce que je vois, reprit Rossini ; et il se remit à fredonner son tra la la.

— Les truffes sont succulentes, et j'en mangerais à me faire mourir. Mais mon Dieu ! qu'est-ce donc qui se passe en moi?

— Qu'est-ce qui se passe en vous? demanda le maestro effrayé en déposant sa fourchette.

— Mes yeux s'obscurcissent, je me sens défaillir... Ah ! soupira la rusée coquette, et elle tomba évanouie dans ses bras.

— Angélique ! Angélique ! s'écria le maestro, tout en jetant un regard enflammé sur le beau buste qui reposait sans mouvement sur ses bras. Vive Dieu ! Quels magiques attraits ! Angélique, mon ange, reviens à toi, reviens à toi, je t'en supplie ! Et ce disant, notre Endymion couvrait de brûlants baisers le satin éblouissant de son sein. Angélique ! Elle n'entend pas ! Mais cet évanouissement, réfléchit-il ensuite, ne serait-il qu'une feinte ? Oui, naturellement, se dit-il, et la soulevant, il la déposa sur le divan.

Au même moment quelqu'un frappa. Crier : Qui est là ? — dans une situation pareille, était une impardonnable sottise dont notre maestro se rendit coupable.

— C'est moi ! répondit une voix malheureusement trop connue.

— Barbaja ! murmura la Colbrand, à qui l'épouvante fit oublier sa pâmoison.

— Infâme guignon ! grommela Rossini.

— Ouvrez, ouvrez ! cria l'impresario en frappant de la main et du pied contre la porte.

— Ciel ! que faire ?

— Je n'ai qu'une chambre, et cette chambre n'a qu'une seule issue...

— Je suis perdue! fit la Colbrand.

— Courage! Remettez vite votre déguisement.

— Mille tonnerres! jura le sultan, est-ce que cela va bientôt finir?

— Je ne trouve pas la clef, cria le maestro.

— En ce cas je vais enfoncer la porte.

— Ouvrez, murmura la prima donna, qui pendant cet intervalle s'était métamorphosée en chauve-souris et avait ramené son capuchon sur son visage de manière à ne laisser voir que ses yeux.

Préparée à tout événement, elle s'assit devant la table. Rossini ouvrit et Barbaja entra, travesti en pierrot.

— Diavolo! s'écria-t-il, que vois-je?

— Quoi donc? demanda Rossini au comble de l'embarras.

— Tu n'es pas seul... tu as de la compagnie... tiens, vois-tu, je m'en doutais. Eh! eh! quelle est cette charmante petite chauve-souris?

— Ce masque, mon cher... mon bon...

mon excellent ami... ce masque, noble philanthrope, est... une personne bien à plaindre.

— Pourquoi cela ?

— Parce qu'elle est extrêmement... malheureuse...

— Qu'est-ce qui lui manque?

— Ce qui lui manque? hélas! une foule de choses, déclama Rossini dont le trouble allait croissant.

— Gracieuse chauve-souris, puis-je savoir ce qui te manque? Tu te tais?.. Beau masque, pourquoi te taire?

— Elle se tait, parce qu'elle ne peut pas parler! La pauvre et infortunée créature est sourde et muette.

— Sourde et muette? Eh! eh! t'imagines-tu donc que je croie cela? Fripon, derrière ce masque se cache un mystère. Si je ne me trompe, cette jolie taille, ces formes arrondies, ce charmant petit pied appartiennent à une dame que j'ai déjà vue quelque part...

— Tu es dans l'erreur; la malheureuse est arrivée, il y a une heure à peine, de Bologne...

— Allons donc! Je te répète que sous ce déguisement il se cache un mystère; je ne laisserai pas partir cette chauve-souris sans qu'elle se soit démasquée, car une voix intérieure me dit... Mais de par tous les diables, qu'est-ce que c'est que ça? Filou, voleur, d'où te vient ce médaillon? demanda Barbaja en désignant le portrait de la Colbrand qui par malheur s'était échappé du gilet du maestro.

— Ce médaillon...

— Parle, traitre, ce médaillon!... s'écria Barbaja.

— M'a été dérobé par le signor Rossini, répliqua la chauve-souris en rejetant son capuchon en arrière.

— Comment, toi ici? s'écria le sultan, que la surprise fit reculer de trois pas!

— Votre étonnement cessera, lorsque vous apprendrez le motif qui m'a amenée en ce lieu! Ce matin, je ne pouvais pas mettre la main sur mon médaillon. J'appelai Zerline pour lui demander où il était. Hier soir, me répondit-elle, le maestro Rossini a trouvé votre portrait dans votre loge au théâtre et il l'a emporté sans se

gêner. Dans ma juste fureur, je suis ac-
courue ici pour réclamer mon bien...

— Et le coquin...? demanda Barbaja.

— Veut absolument le garder, repartit
la chauve-souris.

— Signora Colbrand! fit Rossini.

— Silence, pas un mot! interrompit la
rusée chanteuse.

— N'oubliez pas...

— Silence, vous dis-je! Signor Barbaja,
je remercie le ciel que le hasard vous ait
conduit ici... Vous avez plus d'empire sur
lui que moi. Ordonnez à votre maître de
chapelle de me rendre mon portrait.

— Voyons, donnez-moi cela! cria le
sultan.

— La signora Colbrand est bien obsti-
née... soit, voici le médaillon...

— Maestro Rossini, reprit l'impresario
courroucé, à dater de demain notre contrat est résilié...

— Comment cela? Pourquoi?

— Un homme qui vole des médaillons,
peut aisément voler autre chose...

— Monsieur, vous osez...?

— Taisez-vous! lui ordonna la Colbrand! Votre bras, signor Barbaja; venez, venez!

Le sultan toisa le prétendu voleur de haut en bas et avec l'air du plus profond mépris.

— Fi! dit-il ensuite, et il emmena gravement la signora Colbrand qui ne daigna pas même saluer le maestro.

— La délicieuse plaisanterie! s'écria maître Joachim dès qu'il fut seul. Quelle habile comédienne! Comme elle a bien joué son rôle! Et ce monstrueux animal, qui se figure qu'elle n'est venue ici que pour réclamer son médaillon! ah! ah! ah!... que les femmes sont fines et rusées!...

Une heure après, la Colbrand lui écrivait ce billet:

« Pardonnez-moi, mon ami, si pour me sauver, je me suis décidée à vous accuser. Mais soyez sans inquiétude. Barbaja — comptez sur ma promesse — vous donnera de bonnes paroles et vous offrira des dédommagements pour se réconcilier avec vous, dès que le premier mouvement de sa colère se sera apaisé. En attendant, allez à Rome sous la garde de

Dieu et de tous les saints, et n'y oubliez
pas votre fidèle amie Angélique. »

Rossini partit au bout de quelques jours.

XIII

Francilla avait complétement recouvré la
santé. Le docteur Scappi avait guéri sa
fièvre nerveuse, mais sans éteindre le secret chagrin d'amour qui la consumait, et,
comme une plaie gangréneuse, étendait de
plus en plus ses ravages. La pauvre fille avait
repris ses forces physiques, mais son moral
était plus malade que jamais, car elle son-
geait jour et nuit à Rossini, lequel avait à
ses yeux un charme divin qui l'attirait ir-
résistiblement et dont la puissance magique
la captivait. A l'origine de son attachement
pour le maestro, elle s'était bercée de la
douce croyance qu'elle serait aussi aimée
de lui. Maintenant que cette espérance
consolatrice était morte dans son âme,
maintenant qu'elle savait que son professeur n'éprouvait pour elle que de la pitié et
pas le moindre sentiment d'amour, elle

était mille fois plus malheureuse encore. Elle l'aimait à présent avec toute la fougue de la jeunesse, avec toute l'énergie d'une première inclination, car rien de plus violent que l'amour sans espoir. Nous n'aimons avec passion que l'objet qui ne nous paie pas de retour. Les femmes, dont nous dédaignons le cœur, ont pour nous une tendresse plus durable et plus vive que celles à qui nous vouons une affection réciproque. La réciprocité, voilà ce qui tue l'amour.

Elleboro, le pauvre lazzarone d'autrefois, était maintenant un artiste riche, considéré, mais tout aussi malheureux que Francilla. La voix de son cœur lui disait que sa maîtresse ne l'aimait plus comme à l'époque où il n'était encore qu'un mendiant. Les plus jolies femmes de Naples vantaient son admirable organe, sa robuste jeunesse, son magnifique talent, mais parmi toutes celles qui le recherchaient, il n'en trouvait aucune aussi jolie, aussi merveilleusement belle que la pauvre orpheline, dont la froideur à son égard augmentait chaque jour davantage.

— Francilla est perdue pour moi! disait-il, et il se sentait pris de cette douleur qui, malgré son amertume, renferme une sorte de volupté, que ne comprend que celui-là seul qui aime éperdûment et sans espoir, comme maître Elleboro.

En Italie, où l'on ne connaît pas de plaisir plus agréable, de jouissance plus douce que la musique et le chant, un jeune homme doué d'une belle voix de ténor est un aimant, qui possède plus de force attractive que tout autre.

Au nombre des femmes sur lesquelles notre ex-lazzarone avait fait, à son insu, une impression des plus profondes, se trouvait aussi lady Esther Monmouth. Elle avouait sans se gêner à qui voulait l'entendre, que jamais elle n'avait rencontré un jeune homme que dame nature eût pourvu d'autant de charmes, que ce *primo tenore*. Aux yeux de cette vieille folle amoureuse, Antinoüs et l'Apollon du Belvédère n'étaient que d'abominables caricatures en comparaison de ce — *jeune dieu* — car c'est ainsi et pas autrement qu'elle appelait l'objet de son adoration.

Sir Habacuc qui, à cette époque, s'était fait peindre pour la huit cent quatre-vingt-onzième fois, en costume de valet de cœur, ne pouvait comprendre qu'une femme aussi éminente que la nièce de l'ambassadeur britannique eût le courage d'aimer un homme qui n'était pas Anglais et appartenait en outre à la classe des artistes.

— Quel scandale pour toute l'Angleterre, disait-il à l'esquire Barnabas avec lequel il se promenait dans les allées de la Villa Floridia, si milady s'oubliait au point d'épouser ce plébéien !

— Son oncle, l'ambassadeur, n'y consentirait pas...

— Lady Esther a le cerveau un peu dérangé. Je n'ai pas besoin de vous dire que ce que son oncle lui défend est précisément ce qui a le plus d'attrait pour elle. Vous connaissez milady tout aussi bien que moi et vous savez que peu lui importe une folie de plus ou de moins. Depuis peu, elle ne se contente plus de faire des collections de gravures et d'autographes; elle rassemble aussi des mèches de cheveux provenant d'individus qui ont été suppliciés. Dans ce but elle s'est mise en correspondance avec tous les bourreaux d'Italie, et leur a promis pour chaque mèche d'un décapité une somme de dix livres sterling. Actuellement pas un jour ne se passe pour ainsi dire, sans qu'il lui arrive un paquet de cheveux.

— Cette idée me rappelle mon ancien ami Georges Selwyn qui pendant de longues années fut tourmenté de la passion de faire de grands voyages pour voir tantôt dans une ville, tantôt dans une autre, décapiter ou pendre un criminel. En 1757 il courut à Paris pour assister au supplice de Damiens qui fut écartelé pour avoir attenté à la vie de Louis XV. Chaque exécution procurait à mon ami un plaisir nouveau. D'après le journal de son voyage, tenu avec une fidélité exemplaire, dans un intervalle de quinze années, sir Georges n'avait pas assisté à moins de quatre-vingt-trois exécutions dans les trois royaumes-unis seulement. — Chaque condamné meurt d'une manière différente, m'expliquait-il ; nulle part celui qui aime à observer le caractère humain ne peut plonger un regard plus profond dans l'âme du criminel, qu'au pied de l'échafaud. Quel dommage, ajoutait-il, que pour bien étudier et connaître sa nature, on ne puisse être témoin de son propre supplice !

— Moi aussi, répliqua sir Habacuc, je serais enchanté si je pouvais me voir pendre. Malgré ses horreurs, une exécution a son côté agréable. Une foule immense nous accompagne jusqu'au lieu du supplice... on excite les regrets, la compassion... on meurt avec pompe... on périt avec éclat et on gâte pour quelques jours l'appétit des assistants, car les gens qui ont vu le spectacle d'une exécution éprouvent, dit-on, pendant un certain temps une répugnance invincible pour la viande! Oter au peuple l'envie de manger aurait aussi quelque chose d'attrayant pour moi. Mais revenons-en à lady Esther... Je tremble que cet histrion ne devienne dangereux pour nous. Depuis huit mois, je prends des leçons de musique... malgré ma persévérance je ne connais jusqu'à présent que les cinq premières notes: *ut, ré, mi, fa, sol*... Et comme milady a pris une fois

pour toutes la ridicule mais ferme déter-
mination de n'épouser que celui de nous
deux qui aura appris à chanter, à composer ou à jouer d'un instrument, je crains
bien que nous ne soyons ni l'un ni l'autre
assez heureux pour obtenir, comme prix de
notre victoire, le veau d'or que nous ado-
rons en commun.

— Moi, quant à ce qui me concerne, je
ne renonce pas à tout espoir. Il n'y a que
cinq semaines que je me livre à l'étude du
chant et déjà je suis parvenu à solfier la
gamme entière: *ut, ré, mi, fa, sol, la, si.*
Hein, sir, qu'en dites-vous; comment ma
voix vous plaît-elle?

— Elle a beaucoup d'analogie avec cet
ustensile dont on se sert pour enlever les
malpropretés qui s'attachent au poil des
chevaux... votre voix de ténor ressemble à
une étrille...

— Sir Habacuc, vous parlez comme un
aveugle des couleurs... mais votre jugement ne m'alarme pas... Mon maestro, que
je paie deux scudi par heure, assure que
j'ai pour le chant beaucoup plus de disposi-
tions qu'il ne l'avait cru d'abord... il pré-

tend que je n'ai qu'à continuer avec courage... et me garantit qu'au bout de six mois il m'aura mis à même de tout chanter à la première vue.

— Mais comment? *That is the question!* Malheur aux pauvres oreilles qui seront condamnées à la jouissance de vous entendre hurler un air! Sir Barnabas, vous feriez beaucoup mieux de débuter de suite sur un théâtre. Je prendrais tous les billets pour avoir le plaisir de vous siffler une bonne fois.

— Je vous reconnais bien là, sir, fit l'esquire, dont les yeux s'allumèrent d'une colère subite.

— Sir, que voulez-vous dire par là?

— Je veux dire que vous êtes un impertinent et un jaloux. Vous puez l'envie...

— Je pue? *goddam!* s'écria le baronnet saisi d'une colère burlesque et prenant l'attitude du boxeur.

C'en était assez pour provoquer l'esquire au combat. Les deux gentlemen ivres de rage se mirent à se boxer sur le gazon et sous les yeux des promeneurs. Les coups de poing se succédaient sans relâche... les horions pleuvaient de part et d'autre...

— Est-ce que je pue encore? demanda sir Habacuc qui finit par obtenir l'avantage.

— Comme un bouc! cria le vaincu.

— *Goddam!* tonna le vainqueur, et il appliqua un coup si vigoureux sur la tête de son opiniâtre adversaire, que sir Barnabas, à moitié mort et la figure ensanglantée, tomba tout de son long sur le sable.

— *Rule Britannia!* siffla le baronnet, et comme si rien n'avait eu lieu, il se retira avec un flegme imperturbable à travers les rangs épais des badauds qui s'étaient amassés et le poursuivaient de leurs quolibets.

Le blessé fut transporté à son domicile...

Trois jours après, on lisait la nouvelle suivante dans le *Pasquino,* petit *journal pour rire* napolitain.

« Avant-hier entre quatre et cinq heures de l'après-midi, le jardin de la Villa-Floridia a été témoin d'un petit combat de taureaux, exécuté par deux buffles anglais. Au bout de douze heures, l'un des champions, sir B. L., a rendu — l'esprit — chose qu'il n'avait jamais possédée auparavant. Il laisse une collection extrêmement précieuse de dents molaires historiques provenant des mâchoires de personnes célèbres. Huit jours avant sa mort, il avait acquis une dent cariée de la fameuse parricide Beatrice Cenci. L'autre, sir H. M., s'est dit-on réfugié en Grèce. Depuis hier, lady E. M., a pris le deuil. Les uns disent que c'est en souvenir d'un carlin passé doucement de vie à trépas, d'autres prétendent que c'est en mémoire du taureau enlevé par une mort honteuse. »

' Lady Esther, au comble de l'exaspération, courut chez l'ambassadeur anglais et pria son oncle d'exiger sans retard, au nom du parlement, la punition de l'impudent railleur ou de déclarer la guerre au royaume des Deux-Siciles.

— Milady, répondit l'ambassadeur à sa nièce, la seule chose que je puisse faire pour vous, c'est de vous donner une lettre de recommandation à l'adresse du direc-

teur de Bethléem, dans le cas où vous vou-
driez retourner à Londres.

XIV

Le séjour de Rossini à Rome ne fut
que de courte durée. Il y acheva la *Cenerentola* dans un intervalle de dix-huit
jours, comme son *Italiana in Algeri;* et
quoique cet opéra soit beaucoup plus faible
que son *Barbier de Séville,* il fut bien plus
goûté par les Romains, ce qu'il faut attri-
buer moins à la musique qu'au poëme (1).
Celui-ci — traduction libre de la *Cendrillon*
d'Étienne — tout en perdant sous la main
de Feretti une grande partie de sa grâce
et de sa touchante simplicité, avait beau
coup gagné en situations comiques. — La
musique, bien qu'un peu légère et super-
ficielle, est d'un bout à l'autre gracieuse,
vive, brillante et pleine de feu. La romance
de Cendrillon — *Una volta c'era un rè* —
renferme un charme réel malgré sa trivia-
lité. La cavatine de don Magnifico — *Miei*

(1) Au théâtre Valle, pour la première fois, en 1817.

ràmpolli feminini — morceau tout à fait
écrit à la manière de Cimarosa, fit plus
d'effet sur les partisans de l'ancienne école
que sur les acolytes de la nouvelle. Ces
derniers préféraient de beaucoup le duetto
en *la majeur*, entre don Ramiro — le
prince déguisé — et Cendrillon. L'air du
valet de chambre Dandini habillé en prince
— *Come il ape né giorni d'aprile* — est
extrêmement piquant et caractéristique. Ce
morceau, écrit en style d'antichambre du
commencement jusqu'à la fin, produit une
vive impression. Le quintette, en *ut majeur*, où Cendrillon prie son beau-père de
l'emmener au bal, n'est pas moins bien
réussi. Le finale du premier acte, qui dé-
bute par un chœur des courtisans du
prince, lesquels ramènent don Magnifico à
demi ivre de la cave, se distingue par le
mouvement et l'animation. Le duo entre
Ramiro et son valet de chambre est un air
qu'on ne peut entendre sans être entraîné
par la gaieté qu'il respire; et le quatuor
qui se forme par l'arrivée des deux filles
de don Magnifico a des passages ravissants
et d'une grande vérité dramatique. Le solo

que Cendrillon chante à son entrée dans la salle de bal, renferme beaucoup de grâce et d'esprit, malgré les fioritures dont il est surchargé. — Le second acte s'ouvre par un air de don Magnifico, air comique, mais moins remarquable que celui, en *ut majeur*, qui lui succède et que chante don Ramiro. Ce dernier est un brillant morceau de concert qui permet au ténor d'offrir aux oreilles de ses auditeurs tous les tours de force dont est susceptible le gosier italien. Le duetto bouffe entre Magnifico et Dandini — *Un segreto d'importanza,* — est un modèle de style comique, un digne pendant du fameux duo du second acte du *Mariage secret* de Cimarosa. Celui qui peut rester sérieux à ce passage — *Son Dandini il cameriere* — doit être un hypocondriaque devenu tout à fait incapable de rire. Après le beau morceau d'orchestre qui peint une tempête, pendant laquelle le carrosse du prince est renversé, vient l'air principal de tout l'opéra, le sextuor en *mi bémol majeur*, — *Siete voi? Voi prence siete?* — qui, à part quelques longueurs, est d'une facture admirable. La pièce se términe par un air de bravoure que chante Cendrillon, et qui convient mieux à un concert qu'à la scène.

En comparant la *Cendrillon* d'Isouard et la *Cenerentola* de Rossini, nous arrivons à ce jugement, que la première est plus romantique, plus naïve, plus sentimentale, et, la dernière plus comique et plus piquante. La *Cendrillon* est plus poétique; la *Cenerentola* plus plastique. La *Cendrillon* d'Isouard est une modeste violette; la *Cenerentola* de Rossini une brillante tulipe. L'une a plus de parfum, l'autre plus de couleurs.

A l'époque où Rossini habitait Rome, il s'y trouvait aussi un compositeur allemand, M. Ludwig Spohr, musicien pédant, qui déjà dans ce temps-là était l'adversaire forcené du génie de Rossini. Mais aussi où rencontrer un contraste plus frappant que celui qui existe entre Rossini et Spohr? Au risque d'être vilipendé, nous avouons en toute franchise que nous mettons le premier beaucoup au-dessus du second. Pourquoi? Parce que Rossini a plus de mélodie dans son petit doigt que Spohr dans

tout son opéra de *Faust*. Une partition de
Spohr est à une œuvre de Rossini ce que la
pesante autruche, dont l'estomac digère
jusqu'aux petits cailloux, est au sémillant
colibri, qui ne se nourrit que du parfum
des fleurs. La musique de Spohr ressemble
à un froid clair de lune, la musique de
Rossini à la chaude lumière du soleil.
Spohr est la moumme (1) de Brunswick,
Rossini le Jacqueson de Bouzy. Tous les
buveurs de lourdes bières aimeront mieux
entendre le *Faust* de Spohr que le *Barbier* de Rossini, mais les amateurs du pe-
tillant vin de Champagne préféreront un
seul morceau du *Barbier* à tous les opéras
du compositeur des moummes de Brunswick. Nous sommes de la catégorie de ces
derniers.

Malgré l'idiosyncrasie qui éloignait le
maître allemand Ludwig Spohr de l'in-
souciant Italien, il était cependant animé
par la curiosité et le vif désir de faire
la connaissance personnelle de Rossini.
Voici un extrait d'une lettre de Spohr,

(1) Nom d'une boisson. (Note de l'éditeur belge.)

qui mérite de trouver ici sa place (1).

« . . . . Comme Rossini était à Rome, afin d'y composer un nouvel opéra pour le théâtre Valle, j'eusse volontiers fait sa connaissance, mais il me fut impossible d'y parvenir. Attendu qu'il n'a jamais fini son ouvrage dans le délai déterminé, l'impresario le tient sous une espèce de séquestre; il ne le laisse ni sortir ni recevoir des visites, pour qu'il ne soit pas distrait dans son travail. Le prince Frédéric de Gotha *daigna* l'inviter à plusieurs reprises en même temps que nous, afin de nous fournir l'occasion de le connaître; mais chaque fois l'impresario se fit excuser sous prétexte d'indisposition..... »

Nous savons de source incontestable qu'il en était tout différemment; que cette espèce de *séquestre* et cette *indisposition* étaient un paravent derrière lequel notre maestro, qui ne connaissait alors M. Spohr que de nom, se cachait pour plus d'un motif.

Un matin que le prince Frédéric de

(1) Cette lettre se trouve ajoutée à la traduction d'Amédée Wendt, — de la *Vie de Rossini*, par de Stendhal.

Gotha avait *daigné* l'inviter de nouveau
pour le mettre en présence de M. Spohr, il
dit à son ami Feretti :

— Mon cher, tu ne connais pas ces prin-
cipicules allemands. Ils s'imaginent, ces
braves gens, que nous autres pauvres diables, qui n'avons qu'un peu de génie, nous
devons nous trouver excessivement flattés,
honorés et heureux, lorsque des altesses
royales et sérénissimes poussent la bonté
et la condescendance jusqu'à nous inviter à
venir le soir prendre une tasse de thé. Dans
leur pays on appelle cela une *grâce!* Pauvre vocable, que de fois dans la vie on
abuse indignement de toi ! La nature
seule est bonne et pleine de *grâce;* les
hommes, mon ami, ne valent rien, tous autant qu'ils sont.

— J'espère, mon cher Joachim, que du
moins tu nous exceptes toi et moi...

— Non, mon ami ; nous aussi nous ne
valons pas mieux que les autres, car nous
sommes des égoïstes à l'égal de ceux qui
souvent s'appellent les grands, parce qu'ils
sont les plus petits et les plus médiocres...

— Ainsi tu n'iras pas chez le prince...

— Comme les autres fois, j'ai prétexté une indisposition...

— Et pourquoi cela?

— Afin de n'avoir pas à remercier Son Altesse Sérénissime pour la *grâce* qu'elle *daigne* me faire. Chez le prince, d'après ce que m'ont raconté Giorgi, Guglielmi et de Bégnis, on s'ennuie comme dans presque tous les autres cercles. On parle de musique et d'autres choses auxquelles on n'entend rien; on invite une couple d'artistes, qui sont forcés de chanter pour payer leur tasse de thé ; on s'abaisse jusqu'à les repaître de quelques compliments ironiques, et l'on acquiert par là, on ne sait comment, la réputation d'un mécène. Mais tout bien pesé, mon ami, un soi-disant mécène de cette nature n'est d'ordinaire qu'un misérable égoïste , un avare sordide. Crois-moi, mon cher, je connais le monde et je méprise tout artiste de mérite qui recherche l'atmosphère des grands pour obtenir par la faveur un ruban, une croix, un titre ou tout autre hochet de cette espèce. L'argent, mon cher, l'argent... voilà l'unique bien que j'estime,

parce qu'il me rend indépendant ; car
qu'est-ce que le bonheur ici-bas, dès qu'il
est à la merci du caprice d'autrui? L'artiste
qui veut créer de grandes choses, doit être
indépendant et libre !

— Un compositeur allemand, le signor
Ludwig Spohr, brûle de faire ta connaissance...

— Encore quelqu'un qui ne veut me
voir qu'afin de pouvoir dire aux autres
qu'il m'a vu et parlé ! Le diable emporte
l'avantage d'être célèbre ! Heureux celui
dont le monde s'occupe aussi peu qu'il
s'occupe du monde !... Et puis, mon cher,
un maestro allemand, alors même qu'il n'a
encore produit que peu de chose, ou rien
du tout, se figure qu'il l'emporte à lui seul
sur toute une phalange de compositeurs
italiens. Respect pour les illustres et ini-
mitables maîtres, tels que Handel, Gluck
et Mozart ! Mais, dis-moi, n'est-il pas risi-
ble de voir le premier croque-notes venu,
par cela seul qu'il est Allemand, se consi-
dérer comme l'héritier légitime du génie et
de la gloire de Mozart ; et affectant les airs
d'un riche et grand seigneur, jeter, du haut

de son superbe carrosse, un regard de
pitié sur tout Italien, comme sur un ou-
vrier qui demande l'aumône?

Du fond de ma conscience, je crie avec
un noble orgueil, comme l'immortel auteur de la — Madeleine repentante —
Anch'io sono pittore.

Moi aussi, je suis un talent qui n'a
besoin de rougir et de baisser les yeux devant personne.

Tous les hommes ne peuvent pas être
des Gluck ou des Mozart. Je suis Rossini,
et c'est aussi quelque chose! Le grand
lot qui m'est échu en partage dans la loterie de la vie s'appelle le génie. Et le
génie, quel que soit le domaine où il
cueille ses lauriers, est de noble extrac-
tion; son origine est plus que royale, elle
est divine.

Ce que je dis là peut paraître de l'orgueil, de l'arrogance, qu'importe! Quiconque produit quelque chose a le droit de
se dire: — *Anch'io sono pittore!* s'écria
Rossini en posant la main sur son cœur
dans un sublime élan d'enthousiasme.

— Voilà comme mon Joachim me plaît!

fit Feretti. Les gueux seuls sont modestes, dit un Allemand.

— L'homme qui a dit cela n'est pas un gueux assurément...

— C'est un poëte et il s'appelle Gœthe !

XV

Bientôt après la Colbrand lui écrivit :

. . . .

« Votre *Cenerentola*, ainsi que les journaux me l'ont appris, a reçu l'accueil le plus favorable, et personne ne s'en est réjoui plus que moi. Aujourd'hui, je veux, contre mon habitude, être franche avec vous et confesser que malheureusement je porte le plus chaleureux intérêt à votre carrière et à votre gloire qui, à chaque opéra que vous créez, jette des rayons plus éblouissants, revêt une splendeur nouvelle. Je dis *malheureusement*, parce que je ne suis pas encore convaincue que de votre côté vous prenez intérêt à mon sort. — Expliquez-moi d'où il vient que depuis votre séjour à Rome je pense à vous bien

plus fréquemment que lorsque nous vivions
à Naples l'un près de l'autre. Serait-il vrai
réellement que deux cœurs, qui s'harmo-
nisent, se rapprochent par la séparation?
Le souvenir construit un pont d'or sur lequel nos âmes se rencontrent, je le crois,
après avoir franchi chacune la moitié du
chemin. Vous voyez que j'ai la vanité de
m'imaginer que vous pensez à nous avec le
même attachement que nous pensons à
vous. — Vous rirez si vous je dis que depuis votre départ, je me sens parfois péné-
trée d'un sentiment dont naguère je
n'aurais jamais soupçonné l'existence; il y
des moments où j'éprouve une jalousie terrible contre toutes les femmes qui vous
entourent. Si jamais une Romaine avait
empiété sur mes droits en me dérobant
votre cœur, prévenez-la de ma vengeance
qui tôt ou tard ira l'atteindre. Gardez-vous,
maestro, de m'être infidèle. Je suis Espa-
gnole et je sais me servir du poignard.
Songez que Desdemona peut aisément devenir un Otello!

« Les soupçons de Barbaja ont poussé
de fortes racines depuis le jour où il m'a

rencontrée dans votre demeure sous le déguisement d'une chauve-souris. De primo
abord l'histoire du médaillon volé ne lui a
pas paru tout à fait invraisemblable. Mais
après y avoir mûrement réfléchi, il est resté
convaincu que le motif par lequel je justi-
fiais ma visite chez vous, n'était qu'un coup
de théâtre ordinaire ou une habile invention. Au commencement, l'imbécile était
tellement furieux, qu'il voulait rompre avec
moi et me quitter à l'instant même. Alors
est arrivée on ne peut plus à propos une
lettre de Malte, par laquelle le marquis
Tacconi m'annonce que dans trois mois au
plus tard il reviendra par Marseille à
Naples, pour m'enlever à tout prix. Cette
circonstance a suffi pour donner un ali-
ment nouveau au feu presque éteint de son
amour pour moi. L'idée de se voir sup-
planté par un *pauvre diable,* par un *misérable aventurier*, blesse son orgueil,
afflige sa vanité. L'arrivée prochaine de
son rival lui cause de cruelles anxiétés, et
pour me ramener à lui, il se montre avec
moi plus prévenant et plus tendre que jamais. Son courroux à votre endroit s'est

aussi remarquablement refroidi. Lorsqu'i
a appris le prodigieux succès obtenu à
Rome par votre *Cendrillon*, et que je lui
ai lu l'article du *Diario* qui dépeint l'en
thousiasme excité par votre nouvel opéra,
il s'est frappé le front, en se reprochant sa
bêtise. — Rossini, m'a-t-il dit, est un traitre, pour qui rien au monde n'est sacré,
pas même la maîtresse de son meilleur ami;
il serait en état de rendre infidèle la bien-
aimée du bon Dieu; mais comme compositeur, il est vraiment grand et inimitable.
Si ma fierté ne m'empêchait pas de faire des
avances à ce vaurien, je lui aurais déjà fait
écrire depuis longtemps de revenir à Naples
le plus tôt possible, car, poursuivit-il, je
suis toujours sûr d'être trompé. Mieux
vaut alors être joué par un homme tel que
Rossini, que par un coureur d'aventures
étranger comme cet infâme marquis Tacconi.—Notre impresario qui, malgré tout
sa stupidité, est un rusé compère, se dit
sans doute à lui-même : Rossini me dédom-
magera du tort qu'il me fera comme rival,
par les avantages que je lui devrai comme
compositeur et maître de chapelle. Il dé-

teste le marquis avec toute l'ardeur d'une âme vulgaire; quant à moi, il ne m'aime à présent que par cette raison surtout qu'il vit dans la crainte incessante de me perdre bientôt. Tacconi est donc le cavalier qui, sur l'échiquier de mon jeu, tient continuellement en échec le roi qui n'y voit goutte.

« Francilla a heureusement surmonté sa fièvre nerveuse; malgré cela, la pauvre enfant est plus malade que jamais. Le chagrin ronge son cœur, elle est si pâle, si amaigrie, que vous auriez peine à la reconnaître. Le docteur Scappi craint que la malheureuse jeune fille ne soit menacée d'une maladie nouvelle qu'il appelle — Erotomanie — et dont il m'a tracé dernièrement un tableau épouvantable. C'est au point que la nuit suivante il me fut impossible de fermer les paupières.

« Je ne sais pourquoi, mais cette nuit-là, mon imagination surexcitée ne fut sans cesse occupée que de vous.

« Francilla me cause une peine extrême, mais que puis-je faire pour elle ? Faut-il que je sois son avocat et que je vous contraigne à aimer ma rivale plus que moi ?

Vous comprenez, maestro, que ce serait
par trop exiger. — Ce qui m'afflige beaucoup plus encore, c'est l'infortune de votre
élève Torquato. Choyé de tout le monde,
il se désespère parce que le cœur de Francilla est perdu pour lui. Il le comprend, et
cette idée assombrit son existence. Maître
Elleboro était mille fois plus heureux comme
lazzarone qu'il ne l'est aujourd'hui comme
artiste de talent. Lui aussi, je le crains, ne
survivra pas longtemps à la souffrance qui
déchire son cœur. Il y a des moments où
la destinée de ces deux êtres m'attriste pro-
fondément ; souvent je pose la main sur
mon cœur et je me demande si l'amour, qui
engendre tant de maux dans le monde,
n'est pas la folie la plus impardonnable, la
sottise la plus dangereuse ? Je suis curieuse
d'apprendre votre opinion à ce sujet. Ré-
pondez bientôt

à votre amie sincère A. C.

« *Post-scriptum*. La première fois que
nous nous reverrons, il faudra que vous me
prépariez encore une salade aux truffes. »

XVI

Au bout de huit jours, arriva la réponse suivante :

« Vous me demandez si je pense à vous ? Si je disais oui, peut-être ne le croiriez-vous pas ; si je disais non, vous vous imagineriez le contraire par esprit d'opposition. Mieux vaut par conséquent que je ne dise ni non ni oui et que j'abandonne à votre propre sagacité la réponse qu'attend cette question délicate.

« Je ne saurais vous blâmer, ma belle amie, d'éprouver parfois un sentiment de jalousie ; ce même sentiment m'envahit aussi de temps à autre. Mais alors ce n'est pas de Tacconi ou de Barbaja que je suis jaloux ; la grande ville de Naples renferme d'autres hommes qui me semblent beaucoup plus redoutables qu'eux. Gardez-vous également, chère Angélique, de m'être infidèle, car je suis bien plus cruel qu'Otello ; à la place de ce more, au lieu d'assassiner la perfide, je l'aurais punie bien plus durement : je l'aurais... oubliée. Quant à vous, mon amie adorée, vous n'avez rien.à craindre des autres femmes ; toutes les villes ne possèdent pas une Colbrand...

« Si Barbaja désire se réconcilier avec moi, qu'il m'écrive, ou, comme ce serait trop exiger de lui, qu'il vous charge de m'écrire pour me demander pardon. Dans ce cas, par amour pour vous, je lui ferai l'honneur de signer un nouveau contrat.

« La situation de Francilla me peine. C'est plus que de la démence de la part de cette petite, de se mettre dans la tête des idées dont la réalisation est absolument impossible. Je ressens pour elle de l'estime, de l'intérêt, de la pitié, tout ce qu'elle veut, mais pas la moindre velléité d'amour. Ce n'est pas de ma faute si les femmes blondes n'ont jamais pu faire sur moi une impression profonde. Si Francilla était brune, brune comme vous, qui sait ! peut-être eût-elle été dangereuse pour mon cœur.

« Il faut, ma chère amie, que vous viviez sur un certain pied de familiarité avec le docteur Scappi, sinon je ne comprendrais pas le courage qu'il a eu de vous faire lire aussi avant dans l'âme de Francilla.

« Plus que cette jeune folle je plains Elleboro, ce garçon excellent, digne d'un meilleur sort. Il aime la petite avec le délire du premier amour et il mériterait d'être rossé pour le chagrin qu'il se fait. Comme homme, il devrait avoir assez de fierté pour se dire : Une femme qui ne t'aime pas ne vaut pas la peine que tu l'aimes. Il faut qu'il prenne courage et qu'il se débarrasse de cet amour inutile comme d'une dent creuse, car enfin, qu'est-ce qu'une douleur momentanée, quelque violente qu'elle soit, en comparaison d'une souffrance de plusieurs années ? Qu'il y réfléchisse et qu'il se corrige !

« Demain matin, ma chère Angélique, je pars pour Milan, où je vais entendre le *Titus* de Mozart, visiter quelques amis, et si je suis en verve, composer un nouvel opéra pour la Scala. Il faut battre le fer pendant qu'il est chaud, et ne pas laisser s'éteindre l'enthousiasme du public sans en profiter. Nous autres compositeurs, nous avons la triste perspective d'être vite hors de mode, comme les habillements. Le poëte écrit pour l'éternité, le compositeur pour une génération tout au plus. La plupart

des opéras sont oubliés après un intervalle
de quarante à cinquante années; on dirait
que chaque génération nouvelle apporte
avec elle au monde un goût différent en
fait de musique. Je parie que dans quarante
ans les opéras de Cimarosa — j'en excep-
terai seulement son *Matrimonio segreto*—
seront tout aussi inconnus que les cent
opéras de Giuseppe Mosca, qui autrefois
ont fait fureur et dont personne ne se
souvient aujourd'hui. *Sic transit gloria
mundi!* Tout n'est que vanité sur la terre,
chère Angélique; la gloire est une fumée
légère que la pluie la plus fine suffit à
abattre. Le seul bien réel dans la vie,
c'est l'argent, l'argent et encore l'argent.
Aussi, charmante amie, ne saurais-je assez
vous rappeler combien il est prudent de
penser à l'adversité durant les jours pros-
pères, à l'orage pendant que le ciel est
serein, et de se munir d'un parapluie, afin
de ne pas risquer d'être mouillé. L'argent,
adorable Angélique, est un parapluie extrêmement utile. Ne négligez donc pas
d'économiser. Pour moi, je ne passe pas
un jour sans conjuguer le verbe : j'éco-

nomise, tu économises, il économise,
nous économisons, vous économisez, ils
économisent! Voilà, chère. Colbrand, le
guide le plus sûr pour arriver à la richesse,
la formule du secret pour devenir libre et
indépendant, c'est-à-dire, heureux!

« P. S. Vous me demandez mon opinion
sur l'amour? L'amour satisfait est un joli
passe-temps, mais l'amour malheureux est,
comme je le marque plus haut, une dent
creuse du cœur, ou, pour mieux dire encore, un œil-de-perdrix de l'âme. L'amour
sans espoir fait plus souffrir que la botte la
plus étroite et cause une souffrance plus
atroce que la dent la plus malade. Grâce
au ciel, nous avons tous deux l'heureuse
chance de ne connaître ce fatal supplice
que de nom. Mon amour est une sympho-
nie en *sol majeur*, dédiée à la plus belle
de toutes les femmes par

« Son plus fidèle adorateur,
« G. R. »

FIN DU DEUXIÈME VOLUME.

TABLE DES CHAPITRES.

—

FIN DE LA TABLE.

www.ingramcontent.com/pod-product-compliance
Lightning Source LLC
Chambersburg PA
CBHW072015080426

42733CB00010B/1714